D0923318

LE GOÛTEUR

RETIRÉ DE LA COLLECTION UNIVERSELLE
Bibliothèque et Archives nationales du Québec

DU MÊME AUTEUR

Crime contre l'humanité, Leméac, 1999

GENEVIÈVE BILLETTE

LE GOÛTEUR

BIBLIOTHÈQUE
CENTRALE
VILLE DE MONTRÉAL
2545
L265

LEMÉAC

Ouvrage édité sous la direction
de Monic Robillard

Données de catalogage avant publication (Canada)

Billette, Geneviève

    Le Goûteur

    (Théâtre)

    ISBN 2-7609-0381-8

    I. Titre.

PS8563.I439G68 2002	C842'.54	C2002-940003-1
PS9553.I439G68 2002		
PQ3919.2.B54G68 2002		

Photographie de la couverture : Geneviève Billette : Maxime Côté

Leméac Éditeur remercie le ministère du Patrimoine canadien, le Conseil des arts du Canada, la Société de développement des entreprises culturelles du Québec (SODEC) et le Programme de crédit d'impôt du Gouvernement du Québec du soutien accordé à son programme de publication.

Tous droits réservés. Toute reproduction de ce livre, en totalité ou en partie, par quelque moyen que ce soit, est interdite sans l'autorisation écrite de l'éditeur.

ISBN 2-7609-0381-8

© Copyright Ottawa 2002 par Leméac Éditeur Inc.
4609, rue d'Iberville, 3ᵉ étage, Montréal (Québec) H2H 2L9
Dépôt légal – Bibliothèque nationale du Québec, 1ᵉʳ trimestre 2002

Imprimé au Canada

CRÉATION ET DISTRIBUTION

Le Goûteur a été créée à Montréal, par le Théâtre PàP, le 5 mars 2002, à l'Espace Go, dans une mise en scène de Claude Poissant.

JULIETTE : Violette Chauveau
MORITZ : Patrice Coquereau
NILS : Benoît McGinnis
OCTAVIE : Hélène Mercier
SACHA : Robert Lalonde
SHEÏLA : Annick Bergeron

Assistance à la mise en scène : Alain Roy
Scénographie : David Gaucher
Costumes : Linda Brunelle
Lumières : André Rioux
Musique : Ludovic Bonnier
Maquillages : Catherine La Haye

Une première version de cette pièce a été présentée en février 1999 sous le titre *L'Homme qui a vu l'Homme* par les finissants de l'École nationale de théâtre du Canada, au Monument-National (Montréal), dans une mise en scène de René-Daniel Dubois.

L'auteur tient à remercier Élizabeth Bourget, René-Daniel Dubois, René Gingras, Diane Pavlovic, Claude Poissant et Monic Robillard pour leurs précieux regards.

PERSONNAGES
(Dans l'ordre d'ouverture des bouches.)

MORITZ
Chef comptable. Il crache.

NILS
Étudiant stagiaire. Il goûte.

SACHA
Gardien du caveau. Il rêve.

OCTAVIE
Analyste. On voit ses jambes.

SHEÏLA
Présidente. Affectionne le tailleur.

JULIETTE
Médecin. Très sexy. Porte une robe de soirée.

LIEU

Le siège social de l'entreprise Odibé, fabricant de puces électroniques. Le caveau du père fondateur se trouve au rez-de-chaussée. Les bureaux de Moritz et de Juliette, le poste de travail d'Octavie et l'entrée principale d'Odibé sont au premier étage. Au deuxième, surplombant la tour, le bureau de Sheïla, la présidente.

PREMIÈRE TACHE

La tour est plongée dans l'obscurité. La porte principale s'ouvre, laissant pénétrer un rayon de lumière. Entre Nils, qui est manifestement perdu. Moritz le guette, telle une proie. Il le laisse errer quelques secondes, puis, avec agilité, se précipite dessus.

MORITZ. Reste immobile.

NILS. Je cherche Moritz.

MORITZ. Ne bouge pas, j'ai dit. Ton nom ?

NILS. Nils.

MORITZ. Je le savais, mais je voulais te l'entendre dire. Tu dis bien ton nom.

NILS. Merci, euh...

MORITZ. Ha ! Ha ! Moritz : c'est moi. Chef comptable, aussi agent de motivation, et je n'ai pas fini de gravir les échelons. *(Lui tendant la main.)* Enchanté. Bienvenue. C'est un réel plaisir.

NILS. Je ne secoue pas. Je préfère goûter.

MORITZ. Pardon ?

NILS. Je goûte. Votre main, s'il vous plaît. Vous ne craignez rien. Le geste est délicat.

MORITZ. Morveux, j'ai entendu parler de tes manies. Inadmissibles. Tu ne vas pas te mettre le personnel, encore moins l'équipement, sous la dent. Bouche cousue, main tendue, j'attends de toi une impeccable tenue. *(Cordial à nouveau.)* Secoue. *(Nils s'approche du poignet et veut le goûter.)* Jamais !

Moritz crache une flèche de salive aux pieds de Nils.

NILS. Ce n'est sûrement pas votre premier.

Moritz recrache.

MORITZ. J'aime être complimenté.

NILS. Vous crachez comme un sportif, Moritz.

MORITZ. Merci. Salive menthol. Un venin d'une fraîcheur inégalée. Alors, ta ventouse, dans ton garage.

NILS. Compris.

Moritz lui secoue violemment la main.

MORITZ. Obéissant, avec ça. Je ne me suis pas trompé. Ces yeux secs, c'est un peu moi. Cette main moite, aussi moi. *(Il lui présente un chandail à l'effigie de la compagnie.)* C'est pour toi. Odibé, fabricant de puces.

NILS. C'est l'ancien modèle.

MORITZ. Oui. Je le portais quand j'étais comptable junior. Il est empreint de fisc et d'ambition.

NILS. Je suis honoré. *(Nils porte le chandail à sa bouche, avec cérémonie.)*

MORITZ, *le lui arrachant.* Cent pour cent coton, crétin. Qu'est-ce que je t'ai dit ?

NILS. C'est plus fort que moi.

MORITZ. Je t'absous. Pour la dernière fois. *(Moritz lui tend le chandail à nouveau. Nils enlève sa chemise pour l'enfiler.)* Le torse est ambitieux.

NILS. Voulez-vous entendre mon anglais ? Je n'ai même pas passé d'entrevue.

MORITZ. Je t'ai choisi sur dossier, Nils. Et sur recommandation de Sacha. Tu fais partie de la famille. *(Il lui présente un écrin.)* Une puce, pour toi, montée en épinglette.

NILS. C'est une vraie ?

MORITZ. Greffée d'un dard de métal, à des fins d'effigie, mais une vraie de vraie, oui. Qualité certifiée. Circuits intégrés. Vierge de toute information, prête à stimuler un cellulaire ou un cardiaque. Une puce. *(Moritz lui tend la puce. Nils la prend, la regarde, hésite une seconde, puis la porte à sa bouche.)* On ne joue pas avec l'effigie de la compagnie. Recrache !

NILS. Non.

Moritz tente de lui ouvrir la bouche de force.

MORITZ. Je vais te fendre la bouche jusqu'aux entrailles. Te brocher le cul avec du barbelé. Crache, morveux, crache !

Sacha se réveille. Il demeure à son poste, veillant à l'entrée du caveau. Nils et Sacha conversent d'un étage à l'autre.

SACHA. Nils... C'est toi ?

Nils et Moritz interrompent leur dispute.

NILS. Bonjour, Sacha.

SACHA. Où es-tu ?

NILS. Au-dessus de ta tête.

SACHA. Sitôt arrivé, tu provoques la grogne... On va bien s'amuser. Qu'est-ce que tes papilles dégustent, encore ?

NILS. Rien. Une toute petite puce.

SACHA. Recrache-la. Il y a plus savoureux.

9

Nils crache la puce. Moritz s'en empare.

MORITZ. Il a voulu téter ma main, aussi. Tu ne lui as pas inculqué les rudiments ? On me les a pourtant inculqués, à moi, les rudiments.

SACHA. Je suis désolé de t'avoir trouvé un emploi, Nils.

NILS. C'est prestigieux, ici. Ça me satisfait.

SACHA. Tu parles comme une putain repue.

MORITZ. On donne des puces, des chandails. C'est prestigieux.

SACHA, *à Nils.* Regarde les murs.

NILS. C'est vrai, tu ne mentais pas, tout est nu...

SACHA. Désertique.

Nils et Sacha observent l'aridité de la tour.

MORITZ. Action, action, nous sommes pressés.

SACHA. Nils, écoute, sous mes pieds, rugir les splendeurs... Les fresques, les harmonies, les verbes... Toutes les œuvres d'art qui, jadis, éclairaient la tour grondent encore d'avoir été enterrées vivantes.

MORITZ. Tu ne crains rien, morveux. Le caveau est blindé.

SACHA. Un jour... Bang ! Les œuvres fracasseront la porte de leur prison ! Elles grimperont dans la tour, en une tempête de lumière ! L'amour brillera à tue-tête !

NILS. Ça fait dix ans que tu dis ça. Tu devrais arrêter d'y croire.

MORITZ. En route !

NILS. À ce soir, Sacha.

SACHA. Nils, attends ! Il y a une chose importante que je veux te demander.

MORITZ. Ton neveu doit être au poste dans cinq minutes.

NILS. Je ne suis pas son neveu. Ni son fils.

MORITZ, *nerveux*. Ces choses-là ne me regardent pas.

SACHA. J'étais l'amant de sa mère. Nils... Tu n'as pas raconté ton histoire dans ton dossier de candidature ?

NILS. Il n'y avait que des cases à cocher.

SACHA. Ce n'est pas honnête, mon petit. Comment veux-tu que Moritz sache réellement qui il a embauché ?

MORITZ. Les coches me suffisent.

SACHA. J'étais l'amant d'Octavie. Pulpeuse, ondoyante Octavie... Dans les stationnements, dans les ruelles, et même dans le caveau, quand le cadenas faisait défaut, nous nous aimions. Hélas, je suis le seul qu'elle ne pouvait inviter à l'accouchement.

NILS. C'était une nuit d'orage inouïe ! Le tonnerre fulminait à chaque contraction !

MORITZ. Vous occupez un espace public, messieurs. Restez tièdes.

SACHA. Tous les amis et la parenté d'Octavie étaient réunis à la maison de naissance pour accueillir Nils. Ça buvait, ça dansait. Octavie, en se dilatant, hurlait un oratorio. Les invités répondaient à ses chants en écho.

MORITZ. Vous suinterez vos souvenirs chez vous...

SACHA. Octavie venait à peine d'entrer dans le jacuzzi quand le ciel l'a trahie. La foudre est tombée. Aucun invité, ni le père, ni le médecin, n'a survécu. Tous les corps ont flambé, sauf celui d'Octavie... Immergée dans le jacuzzi, mon amour a bouilli.

NILS. J'ai poussé. Je me suis extrait du corps. J'ai agrippé un sein, j'ai respiré.

SACHA. Je déteste comment tu parles de ta naissance. Tu pourrais avoir un mot gentil pour Octavie.

NILS. Elle flotte bien.

MORITZ. Le privé me tue.

Moritz s'effondre.

SACHA. Nils, tu ne racontes pas la fin ?

NILS. J'aurais dû m'en tenir aux cases.

SACHA. Le cordon ombilical fut tranché par la hache d'un pompier. Étant le seul proche d'Octavie encore vivant, j'ai recueilli son fils et sa mémoire. *(Silence.)* Nils, tu as quinze ans. Je n'ai pas souhaité ta présence ici pour te voir travailler. Je veux que tu en profites pour rencontrer l'amour.

NILS. C'est mon premier emploi. Je suis ici pour performer.

MORITZ. Ah, quand même...

SACHA. Le fils d'Octavie ne peut pas grandir le cœur sec. Je veux que tu prennes le temps de goûter des femmes. *(Glissant vers le rêve.)* Ta mère m'appelle, Nils. Elle dit qu'elle t'embrasse, elle t'embrassera toujours... *(Il se rendort. Dans son sommeil, Sacha murmure amoureusement. Bien que la parole soit douce, Moritz et les autres protagonistes d'Odibé la perçoivent comme une agression.)* Octavie... Je t'emprunte tes jambes pour rattraper ton ventre...

MORITZ. Un vrai danger public !

SACHA. Retiens ton souffle, je dois t'entailler. Arracher de ta peau cette morsure venimeuse...

NILS. Il parle à ma mère. Il la fait voyager. Cette semaine, ils sont en Nouvelle-Calédonie.

MORITZ. Ça perce l'ouïe.

NILS. Il est saoul d'amour. J'ai grandi bercé par ses récits.

MORITZ. Sa situation misérable a joué en ta faveur, pour la sélection. Nous avons su que ses états financiers étaient maigres. Plutôt que de l'augmenter, on a préféré t'embaucher.

NILS. Combien je vais gagner ?

MORITZ. D'abord que je te décore. Mesurons l'effet du prestige sur ton petit corps.

Il lui pique l'épinglette sur le chandail, mais l'enfonce jusqu'à la peau. Nils camoufle mal son malaise.

NILS. Quel sera mon salaire, chef comptable...

MORITZ. Morveux courageux. Au moment où je te pique au sang, tu gardes la tête froide. À moins que tu n'aies pas senti le dard de l'effigie ?

NILS. Atrocement.

MORITZ. Et tu as laissé le sang s'égoutter en silence. Je t'aime. *(Il sort un carnet.)* Comment trouves-tu ton salaire ?

NILS. Prestigieux.

Ils se mettent en route.

MORITZ. Odibé compte plus de quatre cents employés. Presque tous fraîchement sous contrat. Nos permanents nous ont quittés un à un, sous ma bienveillance et mon encouragement. Il n'en reste qu'une seule. Une analyste. La meilleure. Malgré les charges sociales, je la protège. Parce que je crois que ça en vaut le coup. Je suis d'ailleurs sur le point d'en avoir la confirmation. *(Désignant Octavie.)* Regarde-moi ces cuisses... L'excellence en mouvement, ça m'excite.

NILS. Superbe.

Moritz fait signe à Nils de rester silencieux, puis il s'approche d'Octavie à pas feutrés.

MORITZ. Mon petit.

OCTAVIE. Je travaille.

MORITZ. Ah ! L'ambitieuse !

OCTAVIE. Arrière !

Moritz capture les mains d'Octavie.

MORITZ. Cette seconde est un investissement. Je te présente Nils. Il sera avec nous pour l'été seulement. Tu te souviens de la jeune boulimique qui avait été embauchée, l'an dernier, pour brouter le gazon ?

OCTAVIE. Je la croisais souvent aux toilettes.

MORITZ. Nils participe au même programme.

NILS. « Grandir en entreprise. » On est seulement cinq dans la région.

OCTAVIE. Félicitations. Je peux travailler ?

MORITZ, *maintenant la prise.* Nils, tu auras l'honneur d'épauler la meilleure analyste de la compagnie, Octavie.

NILS. Enchanté.

Nils se penche pour goûter à Octavie.

MORITZ. Pas de rechute. Ferme ta bouche. On n'y touche pas.

NILS. Pardon. Ma mère aussi s'appelait Octavie.

OCTAVIE. Sacha utilise souvent ce prénom. Je n'écoute pas ce qu'il dit, mais le mot « Octavie » pénètre mon oreille sans permission. C'est extrêmement dérangeant. *(Voulant être libérée.)* Mon sang s'impatiente.

MORITZ. Forme Nils. Tes quotas monteront en flèche.

OCTAVIE. Ai-je le choix ?

MORITZ. Non.

OCTAVIE. Les circuits de mémoire sont en cuivre. Je teste la pureté du cuivre.

MORITZ. Octavie, c'est l'ultime filtrage avant que la puce ne reçoive le sceau sacré, le sceau Odibé.

OCTAVIE. Je travaille avec un logiciel que j'ai moi-même développé.

NILS. Moi, qu'est-ce que je fais ?

OCTAVIE. Tu poses la puce sur la plaquette.

NILS. C'est tout ?

OCTAVIE. La suite est très compliquée. Moritz...

MORITZ, *bas.* Concentration, fiston.

Moritz libère les mains d'Octavie. Elle tape sur le clavier.

OCTAVIE. Pose la puce. *(Nils pose la puce.)* Trop lent. Pose la puce. *(Il pose la puce.)* Imprécis. Pose la puce. *(Nils hésite.)* Pose la puce ! Pose la puce ! *(Dépassé, Nils lance la puce.)* Je refuse de travailler avec lui.

NILS. Je débute, madame.

OCTAVIE. La convention ne rigole pas avec les stagiaires.

MORITZ. Où la caches-tu, la convention ?

NILS. Sous son cul, un livre enfoui.

MORITZ, *y glissant la main.* J'aimerais vérifier un article précis.

OCTAVIE. Grief, grief.

MORITZ. Nils est compétent. Je m'engage personnellement à le former. Morveux, est-ce que tu ressens les pulsations d'Octavie ? Sa parfaite métronomie ?

NILS. Non. Je suis désolé.

OCTAVIE. Il pense à mille choses. À cet âge, déjà, l'esprit dégénère.

MORITZ. Nils, il *faut* ressentir. Nettoie ta tête. N'écoute que ton sang. Tu seras ajusté à l'implacable Octavie.

NILS. Suivre le sang. Éventrer les secondes.

MORITZ. Permanente Octavie, sois sensible à ses mains qui se cadencent.

OCTAVIE. Maintenant ! La puce ! *(Nils s'exécute.)* C'est presque ça.

MORITZ. Tu l'acceptes ?

OCTAVIE. La convention aussi a ses largesses.

MORITZ. Vous ferez une équipe du tonnerre. Je reviendrai, à intervalles réguliers, fouetter vos ardeurs. *(Il leur souffle tour à tour dans le cou.)* Haa... Haa... Ta nuque frémit sous mon souffle, Octavie. Réagis-tu ainsi à toutes les haleines ?

OCTAVIE, *mal à l'aise.* La menthe, c'est spécial, ça me transperce.

Moritz retourne à son bureau. Nils et Octavie poursuivent leur travail.

NILS. Suivre le sang, éventrer les secondes.

SACHA, *rêvant*. Rince ta plaie, Octavie. Le danger est passé. Abreuve-toi d'océan. Demain, nous quitterons ce désert de serpents.

DEUXIÈME TACHE

Sacha est à son poste, bien éveillé. Il crie pour parler à Nils, qui travaille toujours au côté d'Octavie.

SACHA. Nils ! Je vomis ton sang soumis !

Moritz sort de son bureau en trombe.

MORITZ. Ferme-la.

SACHA. J'ai dit : je vomis ton sang soumis ! Cela exprime du dégoût. Est-ce que ça te déconcentre ?

Moritz descend rejoindre Sacha.

MORITZ. Déjà que tu nous agresses avec tes obscénités, je...

SACHA. Quelles obscénités, Moritz ? Nommerais-tu l'amour une obscénité ?

MORITZ. Je t'interdis d'interpeller nos employés.

SACHA. Je veux parler à Nils.

MORITZ. Nils est un employé.

SACHA. Rends-moi le petit ou j'apostrophe les oreilles de ta présidente. Crois-moi, ça ne l'enchantera pas.

MORITZ. Tu n'aurais pas envie d'une retraite anticipée ? Je te paie plein tarif, et tu vas t'aliter.

SACHA. Odibé m'aura dans les pattes à vie. Le père fondateur lui-même m'a embauché pour veiller sur les œuvres. Même si je n'ai pas pu vous empêcher, à sa mort, de les cadenasser dans son caveau, jamais je ne les abandonnerai. Si tu veux que je te foute la paix, Moritz, rends-moi le petit.

MORITZ. Ha ! Ha ! Déjà, il m'obéit au doigt.

SACHA. Dans ce cas... *(Il se prépare à crier.)* Mmm... mmm... mmm... Madame Sheï...

MORITZ. La présidente me fait déduire ton salaire comme un don de charité. Tu n'existes pas ! Tu...

SACHA. Madame Sheïla ! C'est la colonne de charité qui vous parle ! Madame Sheïla !

Une ombre. Une voix. On ne distingue pas Sheïla.

SHEÏLA. Mon nom. Dans la bouche d'un salarié. Qu'ils parlent de moi à la troisième personne, je ne peux pas le contrôler. Mais qu'ils m'interpellent directement... Moritz, surveillez leurs bouches. Combien de fois devrai-je vous le répéter ? Vous n'avez pas idée de l'écho de cette tour. Surveillez leurs bouches !

SACHA. Son seul prénom a suffi.

Moritz crache aux pieds de Sacha. Il fait signe à Nils.

MORITZ. Le haut-parleur veut te voir. Cinq minutes. Pas plus.

Nils descend au caveau.

NILS. Où en est le voyage ? Tu n'as pas rêvé, ce matin. J'ai failli passer tout droit.

SACHA. Nous sommes amarrés. Ta mère a été blessée, une fâcheuse morsure.

Sacha s'avance pour embrasser Nils sur la joue. Nils le repousse.

19

NILS. Ici, tu ne m'embrasses pas. Et dépêche-toi.

SACHA. Nils, que penses-tu des femmes ?

NILS, *après réflexion.* Il y en a beaucoup.

SACHA. Je t'avais demandé de les goûter.

NILS. C'est interdit. Dès que j'entrouvre les lèvres, Moritz rapplique. Il croit que je souffre d'un tic.

SACHA. Franchement, Nils, un comptable... C'est si facile à déjouer. Fais le tour des postes de travail. À chaque peau, une terre inconnue...

NILS. J'ai une idée très exacte de ce que goûte l'amour.

SACHA. Sur le lot, tu trouveras bien.

NILS. J'ai déjà augmenté la vitesse de notre poste d'analyse. Ça pourrait encore grimper, c'est ça qui me grise.

SACHA. Alors le désert pour ta petite gueule.

NILS. Quoi ?

SACHA. Je vais affamer tes papilles. Tu ne boufferas plus que des nouilles. Plus de saveurs. Plus d'épices. À chaque repas, des nouilles molles et nues.

NILS. Tu n'as pas le droit de me priver. Je suis un génie !

SACHA. Sans aucun remords, je regarderai tes papilles mourir. Dire que tu pourrais te délecter de mille peaux et, qui sait, d'œuvres d'art...

NILS. J'ai déjà goûté à l'art. Une fois, ça suffit.

SACHA. Tu avais cinq ans !

NILS. Ce sont les mêmes œuvres. Chaque fois que tu exerces ta mémoire à me les décrire, le goût âpre de leur défaite me revient en bouche.

SACHA. Et tu vas me dire que ton contrat d'embauche goûtait la victoire ? Comment, avec un tel don, peux-tu te contenter du vide ?

NILS. Sacha, le caveau est fermé.

SACHA. Si tu avais le courage de rappeler aux employés la beauté de leurs saveurs, je parie que le cadenas ne résisterait pas longtemps.

NILS. Ah... C'est pour ça que tu as finalement accepté de me trouver un emploi... Tu espérais que je mette le bordel dans la compagnie.

SACHA. Ça s'appelle une révolution sensuelle. C'est bien la moindre chose qu'on puisse attendre d'un génie...

NILS. Depuis que je suis né que tu me pousses à provoquer des tempêtes ! Pour une fois, je suis dans la vie. Dans le même train que tout le monde, à la même vitesse.

SACHA. Ce n'est pas la vie.

NILS. Pas un pied à côté. Je suis dans le train, utile à ce train.

SACHA. Ce n'est pas la vie !

NILS. Rien n'est plus grisant que cette vitesse. Non, une époque entière ne peut pas se tromper sur ce qu'est la vie !

Nils s'en va.

SACHA. Nils, il y a une autre raison pour laquelle je voudrais que tu goûtes aux employées. Ça concerne ta mère et moi.

Nils revient sur ses pas.

NILS. Je t'écoute.

SACHA. Il nous reste encore quelques destinations à visiter, mais le voyage tire à sa fin.

NILS. Quinze ans pour faire le tour du monde, ça manque d'organisation.

SACHA. Dans l'ordre, ce sera Budapest, Mexico, Turin, Minsk et Dakar. Dernière destination, Dakar. Quinze ans parce qu'on n'obéissait qu'aux sonorités. L'envoûtement d'un nom de ville et nous y étions. L'aventure est presque finie. Et je n'ai pas du tout envie de rentrer au pays. Parce que j'ai découvert qu'une boucle ne se bouclait pas.

NILS. Qu'est-ce que tu as planifié ?

SACHA. Quand ta mère est morte, je l'aurais volontiers rejointe. La vie sans ses jambes infinies... Je ne suis resté que pour toi, Nils. J'ai fait le serment de t'accompagner jusqu'à ce que tu connaisses l'amour. Je veux que tu vives une fois cette extase. Palpitation de la chair, le cœur devient un musée, un maëlstrom, une main... Enfin. Dès que tu aimeras et que tu seras aimé, j'irai rejoindre Octavie. Pour vrai, cette fois. Pas seulement en paroles.

NILS. Tombe amoureux, Sacha. Octavie ne t'en voudra pas.

SACHA. Ces mots, dans ta bouche, c'est charmant.

NILS. C'est vrai. Il y a d'autres femmes que ma mère. Si c'est ça qui te rend malheureux.

SACHA. J'ai parlé d'amour pendant quinze ans pour faire découvrir la Terre à Octavie. Mais aussi dans l'espoir secret d'accrocher les vivants. Pas d'écho. Pas de résonance. Aucun humain n'a crié présent. Je veux que tu goûtes les femmes, Nils. Le plus tôt possible. Je n'ai pas envie de m'établir à Dakar, encore moins de revenir au point de départ. *(Pause. Sacha lui tend une feuille.)* Je t'ai dessiné un plan de la compagnie. Chaque x est une femme. *(Nils, intrigué, accepte le plan.)* Les faces qui rient, ce sont les endroits où tu pourras les goûter en toute intimité. Des angles morts, en quelque sorte. Ta mère et moi...

NILS. Est-ce que je peux retourner travailler ?

Sacha ne répond pas. Nils s'en va.

TROISIÈME TACHE

Octavie et Nils sont à leur poste de travail.

SACHA, *rêvant.* Octavie... Même si les villes semblent désertes, je t'en prie, ne pleure pas.

OCTAVIE. C'est insupportable.

NILS. Sa voix est si douce quand il parle à ma mère. Les vivants, il les engueule ; les morts, il les berce.

SACHA. Éclaire les rues de tes yeux, démasque l'ombre. Un jour, Octavie, nous croiserons des visages...

OCTAVIE. Dix fois par jour, le même supplice. Comme si toutes les femmes, toutes les villes, toutes les tornades s'appelaient Octavie. Je n'ose plus regarder les panneaux de publicité par la vitre. J'ai peur d'y voir apparaître, en lettres néon, mon prénom. Je vais étouffer entre les lettres de mon prénom.

NILS. Octavie...

OCTAVIE. Haaaa !

NILS. Passe-moi ta main.

OCTAVIE. Jamais. Moritz m'a mise en garde contre ton tic. Tu t'es retenu depuis deux semaines, continue.

NILS. J'ai la papille parfaite.

OCTAVIE. Ce n'est pas une excuse.

NILS. La sensibilité de mes papilles est fulgurante. Je détecte la moindre saveur. Le seul sein que j'ai tété, il était mort. Il flottait, bleuissant. Un goût inoubliable. C'était glacial... et poivré.

OCTAVIE. Merci, mais je travaille.

NILS. Un petit bout de chair, Octavie. Tu vas voir si je mens.

Moritz entre.

MORITZ. Je viens combattre le creux d'après-midi. Ça va, Octavie ?

OCTAVIE. Oui, oui.

MORITZ. Octavie, ta nuque, déjà, frissonne. Est-ce ma seule présence ? Je n'ai pas encore soufflé. Haa... Haa... Parfum de menthe, afflux de sang... Comme par miracle, le rythme reprend.

Il repart. Un temps.

OCTAVIE. À la prochaine rechute, je te dénonce.

NILS. J'ai râpé ma langue sur mille « chefs-d'œuvre ». À cinq ans, en plein cœur de la tour, j'ai affronté l'avant-bras d'une Vénus. L'ivoire de mes dents sur le marbre de sa chair. Coriace avant-bras. J'espérais, en léchant les toiles, me rafraîchir la bouche... La Renaissance tourne au vinaigre, le vingtième siècle, au sang.

OCTAVIE. C'était toi ? Non, tu mens.

NILS. J'ai survécu à l'art et je ne pourrais pas te goûter ?

OCTAVIE. Je ne vois aucune raison valable pour te toucher.

NILS. Je n'ai jamais rencontré quelqu'un qui goûtait l'amour.

OCTAVIE. Cherche ailleurs. Pars au large.

NILS. Promise à Moritz ?

OCTAVIE. Inapte à l'amour.

NILS. Tu ne crains rien. Je n'ai pas le temps de tomber amoureux.

OCTAVIE. Alors inutile d'essayer.

NILS. Sacha me torture pour que je goûte aux femmes. Il ne me donne plus que des nouilles. Ma bouche est un trésor pillé.

OCTAVIE. Tu... tu as vraiment la papille absolue ?

NILS. Parfaite. On dit oreille absolue, mais papille parfaite. Accorde-moi quelques saveurs.

OCTAVIE. Travaille. Si Moritz revenait...

NILS. Tu me connais maintenant, Octavie. Moi aussi, je veux savoir à côté de qui je passe mes journées.

OCTAVIE. J'ai la peau trop sensible.

NILS. J'ai léché un fusain de Vinci sans en estomper le trait. Tu n'es pas plus fragile qu'une esquisse... Que connais-tu de la vie ?

OCTAVIE. Trop de choses.

NILS. Laisse-moi y goûter. Je saurai quels alcools tu as bus, quels parfums tu as portés. Je saurai même si tu t'es tapé Moritz.

OCTAVIE. J'ai développé moi-même le logiciel. Je suis la meilleure employée. C'est ça que je goûte, la réussite. L'unicité. En as-tu assez ?

NILS. Je veux te goûter.

OCTAVIE. Si tu te fies à mon doigt, ce sera... *(Elle s'arrache des bouts de peau.)* Il tombe en lambeaux. Les cuticules. Je, je... saigne. C'est bête, tu diras que je goûte ensanglantée. Ensanglantée ou un synonyme...

NILS. Tu ne crains rien, le geste est délicat.

Il goûte.

OCTAVIE. Alors, je goûte le sang ?

NILS. Non. C'est étrange. Je n'ai eu qu'une seule fois une sensation si...

OCTAVIE. Quoi, Nils. Pas... pas... l'amour ?

NILS. Non.

OCTAVIE. Alors la viande.

NILS. C'est moins prononcé, infiniment moins prononcé... Attends.

Il regoûte.

OCTAVIE. J'ai quarante ans et je goûte le vide.

NILS. Vide. C'est le mot exact. Je suis désolé.

Nils sort le plan de l'industrie et raye le nom d'Octavie.

OCTAVIE. Ça va. Je ne m'attendais pas à goûter le musée. Le logiciel, c'est toute ma vie.

NILS. Quel gâchis.

OCTAVIE. Reste poli. J'ai fait des sacrifices pour atteindre l'excellence. C'est ça, la vérité. Travaille.

NILS. L'efficacité m'appelle. Inutile de me retenir plus longtemps.

Nils prend des puces et les porte à sa bouche.

OCTAVIE. Tu vas saboter mes vérifications !

NILS. L'infime impureté, je la détecte.

OCTAVIE. Arrête, Nils. Crache les puces.

NILS. Le métal goûte, outrageusement. Le cuivre surtout. Totalement impudique. Il se révèle au contact même de la salive. Le ratio roche-métal du minerai d'extraction se confie à mes papilles. *(Il goûte une puce, la recrache.)* Puce impure. *(Il en goûte une autre, la recrache.)* Puce approuvée. Ton travail d'une journée, je le fais en une heure.

Long silence.

OCTAVIE. Mon cœur flotte dans un corps en chute libre. Je n'aurai qu'une seconde de conscience avant de m'écraser. Celle où le cœur éclate.

NILS. Je suis désolé.

Un temps.

OCTAVIE. Nils, raconte-moi ce que ça goûte, l'amour.

NILS. C'est glacial et poivré, Octavie.

OCTAVIE. Comme la menthe ?

NILS. Comme la mort.

QUATRIÈME TACHE

Le bureau de Sheïla. Juliette tente de faire répéter la leçon de mandarin à Sheïla.

JULIETTE. Cela m'honore... Cela m'honore. Cela... m'honore ! *(Silence.)* Sheïla, vous n'avez qu'à me répondre la même chose en mandarin. Cela m'honore. *(Silence.)* Vous n'êtes pas concentrée. Cela m'honore. *(Silence.)* Sheïla !

SHEÏLA. Je ne veux pas apprendre à le dire, puisque jamais je ne le dirai.

JULIETTE. C'est une phrase usuelle. Ça n'engage pas votre âme.

SHEÏLA. M'énervent avec leurs traditions.

JULIETTE. Quand ils décideront à quels soumissionnaires ils accordent le contrat, savoir dire « cela m'honore » fera peut-être toute la différence.

SHEÏLA. Moi aussi, je suis un être sensible, Juliette.

JULIETTE. Je sais. Je ne voulais pas...

SHEÏLA. Alors ne fais pas comme si j'avais négligé un détail. Si, si, il y avait un peu de ça dans ta voix.

JULIETTE. Pardon.

SHEÏLA. J'ai moi-même pensé au nom Odibé. Je cherchais quelque chose de sombre, d'asiatique. On prononce Odibé et une rizière surgit.

JULIETTE. Notre sort est suspendu à vos lèvres, Sheïla.

SHEÏLA. La riche consonance asiatique d'Odibé suffira.

JULIETTE. Ça ne suffira pas. Il faut augmenter nos chances. Essayez au moins d'imiter l'accent.

SHEÏLA. Je préfère être nue au combat.

JULIETTE. Vous jouez les braves pour m'effrayer. Vous aussi, la situation vous inquiète.

Sheïla force Juliette à reculer en direction de la fenêtre, vers le vide.

SHEÏLA. Tu n'aimes pas être effrayée, Juliette ? Toi, mon amie de collège, avec qui je partage tout, tu n'aimerais pas le danger ? Mon sentiment préféré ?

JULIETTE. Sheïla, non. Soyez raisonnable.

SHEÏLA. Le cœur palpite, ta vision s'embue. Les visages des concurrents s'estompent, tu ne vois plus que leurs yeux. Devant cette masse anonyme, une seule loi, sauver ta peau. Mordre, déchiqueter, pour sauver sa peau. *(Sheïla retourne Juliette et la force à regarder le vide.)* Ouvre les yeux.

JULIETTE. J'ai le vertige. S'il vous plaît...

SHEÏLA. Odibé a atteint la taille critique, Juliette.

JULIETTE. Je sais. Trop petit pour avaler les gros, trop gros pour que les plus gros nous ignorent. Laissez-moi.

SHEÏLA. Nous sommes sortis de l'ombre. Affronte la vitre. Une horde d'ennemis nous épie.

JULIETTE. Non !

SHEÏLA. Nous n'avons pas les reins assez solides pour rivaliser avec eux. Et le chemin qui nous reliait à l'ombre est effacé. Pas de demi-tour possible. Tous les départements d'Odibé ont bombé le torse. Gonflés comme un mirage, nous aguichons dangereusement l'ennemi.

JULIETTE. C'est du suicide. Nous ne tiendrons pas.

SHEÏLA. Nous paraderons jusqu'à ce que ce contrat tombe de la branche et nous fasse décupler.

JULIETTE. Je vais craquer avant.

SHEÏLA. Respire, Juliette. C'est confortable, la gueule du loup, pour peu qu'on y respire. Allez, file. *(Juliette s'éloigne de la fenêtre. Un temps.)* Juliette, tu trembles.

JULIETTE. Le sommeil me quitte peu à peu. Je ne sais plus quoi dire pour vous convaincre. Sheïla, je crains pour Odibé.

SHEÏLA. Oh, Juliette, pardon. Avoir su, je n'aurais pas joué comme je viens de jouer avec toi. Tu as raison. On va l'apprendre, le chinois. Je veux te rendre le sommeil.

JULIETTE. Reprenons.

SHEÏLA. C'est ça. Reprenons, reprenons.

JULIETTE. Votre offre est généreuse comme blé en moisson. *(Silence.)* Votre offre est généreuse comme blé en moisson. *(Silence.)* Sheïla !

SHEÏLA. Quoi ?

JULIETTE. Votre offre est généreuse comme blé en moisson. Concentrez-vous.

SHEÏLA. Tu t'y prends mal, Juliette.

JULIETTE. Je suis la méthode à la lettre.

SHEÏLA. Il faudra que tu sois capable de me rendre ça plus vivant. Sinon, je vais te le dire sans détour, ça m'emmerde un peu, le chinois.

Entre Moritz.

MORITZ. Madame la présidente...

SHEÏLA. Je travaille, Moritz.

MORITZ. Oh ! Vous n'êtes pas seule. On s'attarde, le soir, dans le bureau de la présidente, Juliette ? On veut se faire bien voir, marquer des points.

SHEÏLA. Juliette m'apprend le chinois d'affaires.

MORITZ. Vous, parler chinois ?

SHEÏLA. Quand j'étais petite, ça voulait dire être incompréhensible. Aujourd'hui, ça veut dire faire de l'argent. La langue évolue, Odibé aussi.

JULIETTE. Ça n'a rien coûté. J'ai trouvé ce vieux livre dans le caveau du père fondateur.

Voyant le livre, il crache.

MORITZ. Madame Sheïla ! Éloignez-vous ! Je vais le pilonner !

SHEÏLA. Du calme, Moritz. S'il nous est utile, il ne peut être qu'inoffensif. *(Pause.)* Comment trouvez-vous l'initiative de Juliette ?

MORITZ. Excellente. Je me pardonne mal de ne pas y avoir moi-même pensé. Si mademoiselle ne portait pas cette robe, aussi, je serais un meilleur conseiller.

JULIETTE. C'est ma robe de tous les jours.

MORITZ. Justement. Regardez-la prendre des poses. Le sexe fulmine par chacun des pores de sa peau. Elle suerait sang et eau pour me faire perdre la tête.

SHEÏLA. Moritz, êtes-vous seulement venu pour nous ennuyer ?

MORITZ. Excusez-moi. Je venais au sujet du cas particulier.

SHEÏLA. Ah oui. Notre lauréat stagiaire. Comment va-t-il ?

MORITZ. Mal. Il faudrait descendre. Tout de suite. Je l'ai entrevu dans le hall d'entrée. Il attend la sortie des derniers employés.

SHEÏLA. Ma présence est-elle nécessaire ? Si un salarié vous dépasse, appelez la sécurité.

MORITZ. C'est délicat. Il est mineur.

SHEÏLA. Je vois. Qu'est-ce qu'il fait, déjà ?

MORITZ. Il s'attarde tous les soirs. Et quand il croit être seul...

SHEÏLA. Il vole ?

MORITZ. Non. Il couve un tic. Une manie de mal-aimé. Il ouvre grand la bouche et... et...

SHEÏLA. Quoi ?

MORITZ. Vous dire ça à vous...

SHEÏLA. Parlez, Moritz.

MORITZ. Vous savez... l'équipement, les puces...

SHEÏLA. Il sabote ?

MORITZ. Il suce. De mon bureau, nous pourrons l'attraper la main dans le sac.

SHEÏLA. Juliette, nous aurons besoin de ton avis de médecin.

Sheïla passe d'abord. Moritz ferme la marche derrière Juliette.

MORITZ. Vous brillez encore de mille feux, Juliette. Soyez certaine qu'avant longtemps, je percerai votre secret.

JULIETTE. Moritz, puisque je vous dis que je n'ai pas de secret.

MORITZ. Toujours une lumière vous enrobe. Un halo de vapeurs troubles, safranées.

JULIETTE. Ce doit être l'éclairage.

MORITZ. Vous, Juliette, femme de science, vous allez me faire croire que vous irradiez ce charme érotique sans le savoir ?

SHEÏLA. Moritz, cessez d'embêter Juliette.

MORITZ. Vous passez vos journées à m'envoyer des stimuli. Je les perçois, mais je me contrôle. J'ai parfaitement compris votre manège.

JULIETTE. Je ne vois pas de quoi vous parlez.

MORITZ. Quand on est innocent, on ne dégage pas cette lumière.

SHEÏLA. Juliette est belle. Au collège, déjà, elle rayonnait. Il n'y a rien de coupable.

MORITZ. J'aimerais vous croire. Après vous. *(Ils entrent dans le bureau de Moritz.)* Ha ! Ha ! Madame Sheïla, l'éclairage de mon bureau révèle sa perfidie. Regardez cette chair de poule qui recouvre son dos. On la voit se répandre. Ça, ça, ça, ce n'est pas une manifestation érotique, ça ?

JULIETTE. Pas du tout. J'ai froid.

MORITZ. À d'autres !

JULIETTE. Les follicules s'érigent quand il y a baisse de température. L'épiderme forme vallons et collines pour se prémunir du froid.

SHEÏLA. Ça vous convainc ?

MORITZ. Le doute persiste. Je n'ai jamais rencontré cette lumière chez une autre femme. J'ai toujours l'impression que vous nous cachez quelque chose, Juliette.

SHEÏLA. Juliette me dit tout. Nous n'avons pas de secrets.

Nils arrive à son poste de travail.

MORITZ. Regardez ! Le voilà !

JULIETTE. Oh !

SHEÏLA. Qu'est-ce qu'on fait ?

MORITZ. Cachez-vous !

SHEÏLA. À quatre pattes, sur le tapis ? Est-ce rugueux ? *(Juliette l'entraîne au sol.)* C'est doux. *(Les trois, à quatre pattes devant la grande baie vitrée, l'espionnent.)* C'est lui, le spécimen ?

MORITZ. Juliette, cessez ces sournois soubresauts.

JULIETTE. Voyons, Moritz, je ne bouge pas.

MORITZ. Votre cul gyrophare me laisse de glace, collègue.

SHEÏLA. Moritz, de la concentration. C'est vous qui nous avez convoquées.

MORITZ. Pardon.

JULIETTE. Jusqu'ici, rien d'anormal. Il ne fait que flâner.

MORITZ. Il va finir par sucer. Il finit toujours par sucer. *(Nils se met à goûter les puces.)* Ha ! Ha ! Qu'est-ce que je vous disais ?

SHEÏLA. Mes puces ! Salaud, il s'attaque à ma chair !

Juliette la retient.

JULIETTE. Vous allez l'effrayer.

MORITZ. Jamais il n'avale. Toujours il recrache.

SHEÏLA. J'ai le cœur ravagé.

JULIETTE. Sheïla... Regardez... Il semble analyser le cuivre.

MORITZ. Ma pauvre Juliette, vous avez des visions.

JULIETTE. Sa langue habile éperonne les puces.

MORITZ. Eh oui. Ça s'appelle un tic.

JULIETTE. Puis il recrache en les triant. Regardez. Puce... impure. Puce... approuvée.

SHEÏLA. Tu dis vrai, Juliette.

MORITZ. Comment ai-je pu rater ce détail ? Je suis moyen, moyen, moyen.

JULIETTE. Il est d'une rapidité...

SHEÏLA. Calculez, Moritz. Près de dix puces à la minute.

MORITZ. Il ne pourra jamais tenir ce rythme. *(Nils regoûte plusieurs fois à la même puce. Elle doit avoir un goût inusité. Ça le fait rire.)* Il rit, le morveux. Il rit.

JULIETTE. Le travail l'épanouit ?

MORITZ. Je ne ris jamais, moi. Ris-tu, Juliette ? Riez-vous, madame Sheïla ?

SHEÏLA. Pas souvent.

MORITZ. Et s'il ne faisait que jouer ?

SHEÏLA. Ça se vérifie, Juliette ?

JULIETTE. Très facilement.

Juliette sort du bureau à quatre pattes pour ne pas se faire voir. Moritz a le réflexe de la suivre.

SHEÏLA. Moritz ! Au pied !

Juliette feint d'arriver de la porte d'entrée de la tour. Quand Nils la voit, il arrête de goûter et tape des données à l'ordinateur.

JULIETTE. Bonsoir. Vous travaillez tard.

NILS. Je dois faire mes preuves.

JULIETTE. Je suis Juliette, médecin d'entreprise. J'ai mon bureau juste à côté. Je ne vous ai pas encore examiné.

Nils consulte son plan.

NILS, *pour lui-même.* Je ne l'ai pas encore goûtée.

JULIETTE. Pardon ?

NILS. Je suis en parfaite santé.

JULIETTE. Je n'en doute pas. Simple formalité. Fermez les yeux. *(Nils s'exécute.)* Tournez sur vous-même.

NILS. Comme ça ?

JULIETTE. Parfait. *(Elle lui passe la main devant les yeux.)* Vous ne trichez pas ?

NILS. Non.

Juliette lui présente sa poitrine.

JULIETTE. Tétez ici. Tétez là.

Nils s'exécute goulûment. Moritz se meurt.

NILS. Mmm... Ça me change des nouilles.

JULIETTE. Encore ici, encore là. Pouvez-vous distinguer le gauche du droit ?

NILS. Oui.

JULIETTE. Merci. *(Empressée, Juliette retourne dans le bureau de Moritz. Nils rature son nom et recommence à goûter. À Sheïla :)* Papille parfaite. Je suis formelle.

SHEÏLA. La nature a accouché d'un logiciel. Je le veux !

Nils l'aperçoit. Il s'enfuit.

JULIETTE. Vous l'avez terrorisé.

SHEÏLA. Je le veux. Nous avalerons le monde.

MORITZ. Un instant. Le test de Juliette n'avait aucune validité. Elle a joué.

JULIETTE. Pardon. Une papille parfaite se détecte par friction.

MORITZ. Et que goûte votre sensible mamelon ?

SHEÏLA. On s'en fout ! Juliette, des synapses à la papille, tu vas analyser le stagiaire.

JULIETTE. Ça ne sera pas facile. En recherche et développement, chacun garde tout pour soi.

SHEÏLA. Couvre-le d'or.

JULIETTE. Peu importe son salaire, il pourra dissimuler. Il a l'air malin...

SHEÏLA. Tu as raison. Cette fois, l'argent ne suffira pas. *(Silence. Elles réfléchissent.)* Aidez-nous, Moritz. L'heure est cruciale.

MORITZ. Je ne peux pas. Juliette manœuvre une fois de plus contre moi.

JULIETTE. Je n'ai rien fait.

MORITZ. Cette bretelle qui abandonne votre épaule, j'imagine que c'est encore le hasard ?

JULIETTE. Pour réfléchir, je penche ma tête sur mon épaule et alors souvent ma bretelle glisse. Comme ça, vous voyez, elle glisse.

MORITZ. Je vois rouge, furie !

SHEÏLA. Ça suffit, les clowns ! L'univers est à notre portée, et vous ne trouvez rien de mieux à faire que de vous chamailler ?

JULIETTE. Pardon.

MORITZ. Je sais, je suis moyen. Aucune curiosité, aucune inventivité, totalement soumis à mes bas instincts. Je suis moyen.

SHEÏLA. Nous sommes encore trop confortables. Tranquilles comme des porcs, nous n'arriverons à rien. Moritz ! Vous allez présenter une offre de départ à Octavie dès aujourd'hui.

JULIETTE. Sheïla !

MORITZ. C'est de la folie ! Octavie est la mieux huilée.

SHEÏLA. Elle est dépassée. Plus de filet de sécurité, nous serons à la totale merci du stagiaire. Sa capture est désormais une question de survie.

JULIETTE. Nous ne savons rien de la constance de Nils. Nous risquons de tout perdre.

SHEÏLA. D'ici trois jours, Octavie, la dernière employée permanente, aura quitté Odibé.

MORITZ, *pour lui-même.* Juste au moment où j'allais me la farcir. Je ressens un vide historique.

SHEÏLA, *radieuse.* Nous vivrons de fraction de seconde en fraction de seconde. Entends-tu la pureté de mon écho, Juliette ? Cette fois, tu as raison d'être terrifiée. Plus rien pour amortir le danger.

JULIETTE. Bats, bats, mon cœur. Ne t'arrête pas.

SHEÏLA. Risquer sa vie à chaque seconde. Le seul état qui fasse progresser. Allez, allez ! Le temps aussi est un ennemi. Qui sera secoué de la première idée ? Qui piégera le génie ? *(Silence.)* Forcez-vous ! Savez-vous ce que le départ d'Octavie représente ? Une fois la convention périmée, la mémoire du père fondateur pourra enfin être réhabilitée.

JULIETTE. C'est pourtant lui qui avait signé la convention...

SHEÏLA. Sous l'emprise de la maladie ! Une autre séquelle de sa motte au cerveau.

JULIETTE. C'était un caillot, Sheïla.

SHEÏLA. Quand l'affreuse motte a obstrué ses vaisseaux, papa a perdu toutes facultés. Il ne se lavait plus, les poils l'avilissaient. Même la parole n'a pas été épargnée. Il éructait des termes philosophiques, lui qui avait toujours été monosyllabique. Un jour, je l'ai surpris... C'est trop dur. Un jour, je l'ai surpris... tout nu... dans son bureau... à jouer du banjo. Quand papa s'est mis à dilapider les profits de la compagnie pour garnir la tour d'œuvres d'art, j'ai su que c'était la fin. Plus personne ne travaillait. Les employés s'abrutissaient. J'ai tout fait pour le mettre sous tutelle, mais les magistrats, à l'époque, étaient tous des drogués.

JULIETTE. J'entends encore son rire, quand, avec Sacha, il accueillait les foules venues contempler les œuvres. Il leur faisait visiter la tour comme un musée.

SHEÏLA. Un homme si fier... Heureusement, il n'était pas conscient. À sa mort, j'ai immédiatement nettoyé la tour des séquelles de sa maladie. La convention était la dernière tache récalcitrante. Dans trois jours, nous ouvrirons le caveau pour l'y engouffrer. Nous en profiterons pour saluer la dépouille du père fondateur. Papa, ta mémoire sera enfin immaculée.

MORITZ. La réputation de votre père, avant la motte, était remarquable. Son nom circule encore dans les assemblées...

SHEÏLA. Il était formidable. Merci, Moritz. Toi, Juliette, que t'inspire papa ?

JULIETTE. Quand est venu le temps de l'empailler, vous m'avez ordonné l'ablation de tous les organes touchés par ses années de poésie. Je n'ai conservé que la tripe. Bien rose. Bien vorace. Votre père, Sheïla...

SHEÏLA. Tut, tut, plus de tristes rimettes. Odibé n'a pas dit son dernier mot. Mes amis, l'heure est à la chasse au stagiaire !

JULIETTE. Sheïla...

SHEÏLA. Quoi encore, Juliette...

JULIETTE. Si nous survivons, si Odibé obtient le contrat et se décuple... Je voudrais redonner aux employés quelques livres, quelques images à contempler. Aux rideaux des bureaux, j'agencerai des tableaux. Odibé sera un kimono de couleurs !

MORITZ, *bas*. Elle n'a vraiment rien compris.

SHEÏLA, *bas*. Que voulez-vous, Moritz. Laissons-la prier.

CINQUIÈME TACHE

Trois jours plus tard. Le poste de travail d'Octavie. Nils goûte les puces. Octavie tient la convention serrée contre son cœur.

NILS. Minute-moi. Sois précise.

OCTAVIE. C'est moi, la meilleure ! Tu m'as trahie !

NILS. C'est capital, les statistiques. Minute-moi ou décampe.

OCTAVIE. J'ai inspecté toutes les parties de mon corps. Je ne porte aucun souvenir. Je ne porte aucun désir.

NILS. Incroyable, j'ai encore augmenté. Pas de doute, je carbure à tes larmes. Pleure, Octavie. *(Moritz entre.)* J'ai tout essayé. Elle n'a pas d'orgueil.

MORITZ. Qu'est-ce que tu attends pour signer l'offre de départ ? Qu'on te frappe ?

OCTAVIE. Je ne peux pas me lancer dans le vide.

MORITZ. Depuis trois jours, j'ai fait preuve d'une étonnante compréhension. Signe ton nom où j'ai mon doigt. *(Bruit de sonnette. Sheïla appelle Moritz.)* Tu vas me revoir. Toi, goûte, fiston.

Moritz monte rejoindre Sheïla à son bureau.

SHEÏLA. A-t-elle signé ?

MORITZ. Euh, oui, ce matin même. Ce ne fut pas facile, elle était très attachée à la compagnie.

SHEÏLA. Elle a quitté ?

MORITZ. Presque. Elle ramasse ses affaires. Les derniers au revoir. Bisous, bisous.

SHEÏLA. Je ne voudrais pas qu'elle nuise à la cérémonie.

MORITZ. Tout sera prêt. Madame Sheïla, si je puis me permettre, Nils assure déjà le contrôle de la qualité.

SHEÏLA. Avec la bouche ?

MORITZ. Et il aime ça.

SHEÏLA. Formidable. La chasse aura été plus courte que prévu. Moritz, faites comme si tout était normal. S'il prenait conscience de sa valeur, il pourrait aller s'offrir à nos concurrents.

MORITZ. Compris. *(Moritz redescend voir Octavie. À Octavie :)* Tes secondes sont comptées.

OCTAVIE. Attends ! Je veux te montrer quelque chose.

MORITZ. Mon cul, oui !

OCTAVIE. Regarde. Oubliées entre les pages de la convention. Les photos du seul voyage que j'ai fait. Une fin de semaine derrière la frontière américaine.

MORITZ. Décampe !

OCTAVIE. S'il te plaît. Une seconde.

MORITZ. C'est toi ?

OCTAVIE. Moi, quand je n'étais pas chef cuisinier. Moi, quand je n'étais pas acrobate. Moi, quand je ne portais pas de chapeaux. Que du carton. On choisissait le décor et on mettait sa face dans le trou de la vie.

MORITZ. Les autres visages...

OCTAVIE. Les amis et le mari que je n'ai pas eus. En payant un surplus, on avait droit à des figurants. J'ai payé. Regarde, Moritz. Moi, quand je n'étais pas toute nue.

MORITZ, *pour lui-même.* Cela mérite un sursis. Mon corps vient de trancher.

SACHA. Nils, à quoi tu joues ? Accélère, accélère, machine d'enfer ! Et tu verras ! Le mur qui t'attend est en ciment !

MORITZ. Je pourrais le tuer.

Moritz s'élance en direction du caveau.

SACHA. Lâche les puces et goûte les femmes. La mort sera ma prochaine maîtresse. C'est à toi de faire les présentations. Goûte les femmes !

Bruit de sonnette. Moritz fait demi-tour et gagne rapidement le bureau de Sheïla.

SHEÏLA. Moritz... J'aimerais jeter un coup d'œil sur la convention avant de l'enterrer.

MORITZ. Iriez-vous jusqu'à la lire ?

SHEÏLA. Non, bien sûr. La feuilleter. Vous me l'apportez ?

MORITZ. Tout de suite. *(Moritz se rend au bureau de Juliette.)* Juliette, collègue chérie. J'ai besoin d'un livre.

JULIETTE. Pourquoi ? Je n'en ai pas.

MORITZ. Le manuel de chinois, en le recouvrant, ça fera.

JULIETTE. Sheïla l'a brûlé. Il était sans valeur marchande.

MORITZ. Merde. Allons, vous cachez bien quelque manuel... Un recueil sous le manteau, un traité dans la culotte. Je ne vous trahirai pas. C'est urgent.

JULIETTE. Toutes mes encyclopédies et tous mes romans sont dans le caveau. Je ne lis plus. Je ne rêve plus. Toutes mes pensées vont à Odibé. Pas vous ?

MORITZ. Un livre ou je pèle votre peau papyrus...

JULIETTE. Vous n'avez pas le droit de me toucher ! Même si vous avez perdu Octavie. Sheïla a été claire là-dessus.

De son poste de travail, Nils appelle Moritz au secours. Octavie s'est accrochée à lui.

NILS. Moritz !

MORITZ. Nous nous reverrons, diablesse.

Moritz les rejoint.

OCTAVIE. Nils, révèle-moi l'avenir. Mon ombre qui me devance. Attrape son goût fugitif.

MORITZ. Octavie, laisse œuvrer le personnel !

NILS. Je te l'ai dit. Tu goûtes le...

OCTAVIE. Non ! Regoûte-moi. Peut-être t'es-tu trompé. Il y a sûrement, quelque part, un soupçon d'indice...

NILS. Je ne me trompe jamais.

Octavie se laisse glisser par terre.

OCTAVIE. Je resterai ici éternellement. Figée entre deux temps.

MORITZ. Dis-moi ton prix. Je suis prêt à négocier.

OCTAVIE. Il s'agira d'amour, Moritz. Le dernier fil qui me retient, avant le vide. Nous... nous avions commencé à nous apprivoiser. Si cet amour naissait, au moins, je ne partirais pas sans bagage.

MORITZ, *entre les dents.* Je t'aime.

OCTAVIE. Tu m'as brusquée. Tu m'as insultée.

MORITZ. C'était le patron en moi. Mais Moritz t'aime.

OCTAVIE. Je ne peux pas me contenter de murmures. Moritz, invite-moi à la cérémonie.

MORITZ. Madame Sheïla me zigouillerait.

OCTAVIE. Je veux voir le père fondateur. Face à un être mort, je saurai ce qui me rattache à la vie.

Bruit de sonnette. Moritz tente alors d'étourdir Octavie pour lui dérober la convention.

MORITZ. C'est d'accord, mon intuable... *(Il lui souffle dans le cou.)* Je vais te laisser voir la tripe. *(Il souffle.)* Au péril de ma prime mensuelle, tu la verras. *(Il souffle.)* Tu la verras. *(Moritz tente brusquement de lui arracher la convention. Octavie rétablit la garde à temps. Bruit de sonnette.)* Je plaisantais. *(Moritz souffle. Il gagne ensuite le bureau de Sheïla. À Sheïla :)* La convention était dans un état lamentable. Juliette l'astique. Nous vous la remettrons en bas.

SHEÏLA. Charmante attention. Je ne vous sonnais pas pour ça. Je viens de consulter les résultats de Nils. Époustouflant. Il a fracassé tous les records d'Odibé.

MORITZ. Et il ne cesse d'accélérer. À mon avis, la Chine est dans la poche. Bien sûr, je reste vigilant.

SHEÏLA. Je suis émue, Moritz. C'est vous, au départ, qui avez embauché le petit. Je tenais à vous féliciter.

MORITZ. C'est le flair, ce n'est rien.

SACHA, *rêvant.* Octavie... Là-haut... Perchés sur les lampadaires, des hommes chantent et festoient !

MORITZ. Aïe ! Je...

SHEÏLA. Je me trompe ou ses hurlements sont de plus en plus fréquents ?

MORITZ. C'est l'agitation du jour.

SHEÏLA. Ce n'est pas lui qui s'était mis en bouche mon prénom ?

SACHA. Ils battent l'air de mille bras ! Ils nous invitent à boire !

MORITZ. Excusez-moi, madame Sheïla... Vraiment, excusez-moi. *(Moritz rejoint Sacha. À Sacha :)* Ferme-la !

SACHA. J'ai un amour à faire voyager. Octavie doit découvrir le monde. Un jacuzzi ne peut pas être la fin du monde. *(Rêvant.)* Octavie... *(Moritz le gifle violemment. Silence. Fixant Moritz :)* N'approche pas, Octavie. Les hommes ne fêtent plus. Ils oscillent, pendules inertes, aux branches des lampadaires... *(À Moritz :)* Pauvre type. Je vais te l'exhumer, ton bocal.

MORITZ. Au signal de madame Sheïla, tu ouvres le caveau. Tu brandis le bocal. Tu secoues. Pour que la tripe remue. Le père fondateur était un bon vivant. Une gigue n'attendait pas l'autre. C'est ça que madame Sheïla apprécie. Le revoir giguer.

SACHA. Il adorait danser mais détestait giguer.

MORITZ. Avant la motte, ça giguait ferme. *(Moritz se rend au bureau de Juliette.)* Juliette, suivez-moi. C'est urgent.

JULIETTE. C'est pour qui ? *(Ils gagnent le poste de travail d'Octavie.)* Elle n'est pas encore partie ?

MORITZ. Faites-la descendre.

JULIETTE. Sheïla ne l'a pas conviée.

Moritz prend Juliette à part.

MORITZ. Un pépin administratif. Plus d'encre dans le stylo. Mais tout sera rétabli.

JULIETTE, *ravie*. Moritz, vous êtes dans la merde.

MORITZ. À la dernière seconde, bifurquez vers votre bureau et enfermez-la. Je reviendrai récupérer la convention. Vous me devez bien ça.

JULIETTE. Si j'accepte, c'est pour Sheïla.

Juliette aide Octavie à descendre l'escalier en direction du caveau. Cette dernière a toujours avec elle la convention.

NILS. Moritz, regarde, je fends l'air !

MORITZ. Une merveille ! Une beauté !

SACHA, *rêvant*. Octavie...

OCTAVIE. Je voudrais changer de prénom. À qui dois-je m'adresser ?

MORITZ. Dépêchez-vous.

OCTAVIE. Où va-t-on ? Ce n'est pas par là ! Moritz, l'infirmière jalouse nous sépare !

JULIETTE. Je suis médecin, Octavie.

MORITZ, *à Octavie*. Je reviens te cueillir.

SHEÏLA. Moritz, je descends !

MORITZ. Non ! Attendez ! *(Sheïla paraît au sommet de l'escalier. Elle porte un tailleur.)* Merde. *(Juliette entraîne Octavie dans son bureau.)* Madame Sheïla, vous êtes ravissante. Des hanches étonnantes.

SHEÏLA. C'est un tailleur d'après-guerre. Pour faire frissonner papa. Où est Juliette ? Elle sait que nous sommes pressés.

JULIETTE. Je suis ici, Sheïla.

Octavie la suit. Sheïla ne comprend rien.

MORITZ, *à Juliette.* Traîtresse.

JULIETTE. Je n'y suis pour rien. Elle m'a suivie.

OCTAVIE. Excusez le retard.

SHEÏLA. C'est qui, elle ?

JULIETTE. Octavie.

SHEÏLA. Moritz, votre mollesse me tue.

MORITZ. Je suis moyen. J'ai eu pitié.

SHEÏLA. Posez-lui immédiatement un ultimatum.

MORITZ. J'ai déjà négocié. Elle signera après avoir salué le père fondateur.

SHEÏLA. Bon. Qu'elle reste, mais qu'elle ne respire pas. Je veux une cérémonie joyeuse. *(Moritz supporte Octavie. Quand elle tremble trop, il lui souffle dans le cou sans conviction.)* Mes amis... Pour être heureux, l'homme doit être apprécié à sa juste valeur...

OCTAVIE, *hyperventilant.* Ha, ha, ha...

SHEÏLA. Sortez-la ! Vous savez que j'ai peur des salariés.

JULIETTE. Moritz la tient, ce n'est pas dangereux.

MORITZ. Je souffle. Je souffle.

SHEÏLA. La... convention n'était pas plus réconfortante pour les employés que le surnom dont s'affuble lui-même l'enfant sans amis. *(Perplexité générale.)* Elle sue. Je l'entends suer.

OCTAVIE. J'ai peur du vide, madame !

SHEÏLA. Je ne veux pas qu'elle me parle.

JULIETTE. Vous devriez conclure.

Sheïla guette Octavie du coin de l'œil. Cette dernière tremble de plus en plus fort.

SHEÏLA. Les salaires, comme les surnoms, pour qu'ils réchauffent le cœur, doivent être mérités. Monsieur... Monsieur avec la cravate, veuillez enterrer la convention.

Moritz tend la clé à Sacha.

OCTAVIE. Je vais craquer, je vais craquer, je vais cra...

Sacha s'apprête à ouvrir le caveau. Un bruit se fait entendre. Nils, qui travaillait toujours, seul à l'étage, perd connaissance et s'effondre. Le caveau est resté fermé.

TOUS, *sauf Octavie.* Nils !

OCTAVIE. Je suis en suspens.

SIXIÈME TACHE

Quelques secondes plus tard. Tous entourent Nils, sauf Octavie, qui remonte péniblement l'escalier.

SHEÏLA. Respire-t-il ?

OCTAVIE. La mort déraille. Se trompe de proie.

JULIETTE. Rien. Pas un souffle.

SHEÏLA. Juliette, je le veux vif.

SACHA. Les puceaux vont en enfer, Nils. Accroche-toi.

SHEÏLA. Respire-t-il ?

JULIETTE. Il est chaud, pourtant...

SACHA. Nils, c'est toi qui m'as donné la force de démarrer le voyage. La nuit où je t'ai recueilli, quand j'ai entendu ton souffle minuscule qui luttait...

SHEÏLA. Respire-t-il ?

JULIETTE. Inerte. Inerte.

SACHA. Tu as prolongé ma vie, n'abrège pas la tienne.

JULIETTE. J'entends, je crois, attendez...

Un temps.

SACHA. Un souffle vivant ! Il cherche à s'échapper du noir !

JULIETTE. Regardez !

Nils expire des poussières de cuivre qui restent en suspens dans l'air. Long silence.

SHEÏLA. Magnifique.

JULIETTE. Il exhale du cuivre.

Octavie les a rejoints.

OCTAVIE. Oh ! Des poussières de cuivre !

MORITZ. Circule, Octavie. Rien à voir.

SHEÏLA. Il est vivant. C'est de l'or.

MORITZ. Tout le cuivre de l'usine lui est passé sur la langue. Il avait un rythme d'enfer.

JULIETTE. Son cœur bat lentement. Trop lentement. Avec un tel pouls, il devrait être mort.

SHEÏLA. Harcèle-le, Juliette. Jusqu'à la vie.

JULIETTE, *à Sheïla.* Tenez-lui la mâchoire. *(Juliette passe son doigt dans la bouche de Nils. Quand elle le ressort, il est cuivré.)* Overdose de cuivre.

SACHA. Non...

JULIETTE. Il ne mourra pas.

SHEÏLA. Le coma à vie ?

JULIETTE. Nils est cuivré. Intouchable et cuivré. Le cuivre accumulé s'est déposé à l'intérieur du sujet. Il y a eu sédimentation et formation d'une armure interne.

MORITZ. Qu'est-ce que vous dites là ?

JULIETTE. Le cas le plus célèbre fut dépisté en Alabama. Un mineur inhalait tout le zinc qu'il piochait.

SACHA. Sa chair, ses vaisseaux, enserrés de métal ?

JULIETTE. Ce n'est pas douloureux. C'est même... Puis-je me permettre le luxe d'une envolée lyrique ?

TOUS, *généreux.* Allez-y.

JULIETTE. C'est même... un état d'extase. Nils est soustrait aux lois comptables. Plus de stress, ni d'obligations. Aucun souci d'efficacité. Il vivra sans pointer. Un état jubilatoire, propice aux loisirs et à la découverte. Regardez son visage. Assurément, déjà, il rêve.

Octavie se précipite sur les puces et en engloutit une poignée.

OCTAVIE. Je rêverai ! Je rêverai ! Une vie sur mesure !

JULIETTE. Arrête, Octavie. Sur toi, ça ne marchera pas.

Octavie recrache les puces une à une.

SHEÏLA. Est-ce qu'il pourra goûter, Juliette ? La bouche pleine de cuivre, pourra-t-il encore goûter ?

JULIETTE. S'il se réveille, les saveurs seront encore plus intenses.

SHEÏLA, *caressant les lèvres de Nils.* Petit coffre de trésors, ouvre-toi. Partage tes secrets. Odibé te désire.

SACHA. Réveille-toi, mon cuivré.

SHEÏLA, *troublée.* Juliette... Ses lèvres pressent mon doigt.

JULIETTE. Laissez-lui votre main.

SHEÏLA. Tout mon sang aspiré par une seule bouche...

JULIETTE. Respirez, Sheïla. Respirez.

SHEÏLA. Juliette... Je... je ne vois plus...

Nils se redresse d'un coup. Sheïla retire son doigt.

SACHA. Nils !

NILS. Je peux ravoir du doigt glacé ? (*Juliette fait signe à Sheïla de lui redonner son doigt. Nils le regoûte et se prononce.*) Cette femme a le sang froid. Ce doigt goûte l'amour.

SACHA. Pardon ?

NILS. Peau glaciale, poivrée. Pas de doute. C'est l'amour.

SACHA. Impossible.

Sheïla se sauve dans son bureau.

JULIETTE. Elle fait de la basse pression.

MORITZ. Je vais la réchauffer.

Moritz rejoint Sheïla. Octavie se met lentement en marche vers la porte d'entrée.

JULIETTE. Nils, décris-nous ton bonheur.

NILS. La masturbation.

JULIETTE. Qu'est-ce à dire ?

NILS. Vous savez, l'intensité de la seconde où on s'engage sur la piste, où on croit dur comme fer qu'aussitôt mort, on recommencera, où on ne pense qu'à recommencer, jouissance à répétition, jouissance anticipée, certain de passer la nuit à se branler, fendre d'un pieu l'éternité...

JULIETTE. C'est ça que tu éprouves ?

NILS. Fois cent, madame.

SACHA ET JULIETTE, *envieux*. Salaud.

Juliette et Sacha se regardent. Un temps. Gênée, Juliette regagne son bureau.

SACHA. Je suis soulagé de te voir enfin favorable à l'amour. Une overdose... Je n'y aurais jamais pensé. Mais tu vas me faire le plaisir d'en goûter d'autres que madame Sheïla.

NILS. Je les ai toutes goûtées.

Nils rend le plan de la compagnie à Sacha.

SACHA. Madame Sheïla, Nils ! Merde ! Elle a enchaîné l'art, imagine ce qu'elle va faire de toi ! Tu veux finir les papilles en purée ?

NILS. L'épice de la mort. Quelle complexité.

SACHA. Et d'abord, l'amour, ce n'est pas froid. C'est sucré. Les seins d'Octavie goûtaient le sucré.

NILS. Quand je l'ai tétée, ils étaient glacés. L'amour mute, mon vieux. L'amour mute.

SACHA. Ta mère, Nils...

NILS. Je suis amoureux, donc presque un homme. Ça te gênerait d'arrêter de toujours me parler de ma mère ?

Un temps.

SACHA. Nils, si tu avais vu ses yeux... Une lumière éclatante en jaillissait. De l'or liquide. Même quand nous faisions l'amour, ses yeux continuaient à éclairer le monde. Comme si elle ne voulait pas qu'autour de nous les vies inconnues restent dans l'ombre. *(Pause.)* Depuis que tu es petit, je rêve du moment où tu m'annonces que tu as consommé l'amour. Et pour cette grande occasion, j'imagine briller dans tes yeux le regard flamboyant d'Octavie. Je voudrais tant te transmettre sa lumière. Nils, j'ai vraiment peur de ce que Sheïla pourrait faire de toi.

NILS. Tu ne crois plus en l'amour, Sacha ?

SACHA. Pardon ?

NILS. Pourquoi mon amour ne serait-il pas assez fort pour que mes yeux flamboient, jusqu'à embraser ceux de Sheïla ?

Un temps.

SACHA. Tu as raison. Je n'ai pas le droit de ne pas y croire. *(Pause. Glissant vers le rêve.)* Octavie, tu vois la fumée qui étouffe ces ruines ? À midi, le soleil s'éteindra. À midi, je tairai une peine infinie.

NILS. Sacha... Tu étais sérieux ? Le serment, c'était sérieux ? Quand Sheïla m'aimera, tu...

SACHA. Maintenant, je ne dis plus mourir. Je dis accoster. Et j'ai encore plus hâte qu'avant.

NILS. Tu vas me manquer.

SEPTIÈME TACHE

Sheïla, Moritz et Juliette sont réunis d'urgence dans le bureau de Moritz. Nils bombarde la vitre de puces. Octavie est écroulée devant la porte d'entrée de la tour. Sacha rêve de son Octavie.

JULIETTE. Attention, il réattaque !

MORITZ. Tous au tapis !

Ils plongent à quatre pattes. Nils intensifie ses attaques de puces.

NILS. Madame Sheïla ! Madame Sheïla !

SHEÏLA. Nous avions déjà un haut-parleur dans l'édifice. Ça me semblait suffisant.

MORITZ. Il n'a pas travaillé de la journée. Des milliers de puces de retard.

NILS. Madame Sheïla, je demande à vous parler !

SHEÏLA. Juliette, trouve un moyen de le calmer.

JULIETTE. Impossible de l'approcher. Il ne réclame que vous.

NILS. Quelques secondes, un destin !

SHEÏLA. C'est ridicule. Je refuse qu'un employé, aussi cuivré soit-il, paralyse Odibé. Mes amis, levez-vous. *(Ils se lèvent, hésitants. Nils arrête les bombardements de puces.)*

Il a dû s'épuiser. Moritz, combien de journées pourrions-nous tenir sans production ?

MORITZ. Trois jours maximum. Tous nos contrats prévoient des amendes pour les retards. Attention !

Nils vient se frapper contre la vitre du bureau. Les trois replongent à quatre pattes.

NILS. Je n'abandonnerai pas ! Mon corps explosera !

JULIETTE. Sheïla, vous devez lui parler.

SHEÏLA. Je préférerais ne pas l'approcher.

JULIETTE. Ses lèvres tremblent. Il est aussi terrifié que vous.

SHEÏLA. Tu crois ? Allons-y. Pour le progrès, pour les puces et pour papa. *(Sheïla se lève, les mains en l'air, comme si elle se rendait. Elle se présente à la porte.)* Ami... Vous... vous avez exprimé le souhait de me rencontrer ?

Nils se calme subitement.

NILS. Madame Sheïla...

SHEÏLA. Je suis cette femme.

NILS. Regardez-moi.

SHEÏLA. Je ne m'attarde jamais aux visages.

NILS. Regardez-moi comme si j'étais le dernier des hommes. Mon sort est entre vos mains.

JULIETTE. Il s'offre à vous, vulnérable. L'attente doit lui être terrifiante. Regardez-le.

Sheïla regarde Nils.

NILS. Madame Sheïla... J'ai en bouche une saveur indicible. Que je sais pouvoir retrouver uniquement sur votre peau. Je voudrais vous goûter. En gentleman. En connaisseur.

Sheïla consulte Juliette du regard, qui approuve du bonnet. Sheïla tend un doigt à Nils. Il le goûte.

SHEÏLA. Nous devons discuter. Je voudrais que vous... que nous...

NILS. Promettez-moi un accès éternel à votre main.

SHEÏLA. Oui, le problème comporte de multiples facettes... (*Une musique se fait entendre. Seuls Sheïla et les spectateurs l'entendent. Nils goûte toujours.*) Quoi ? Des bruits ? Non, ce ne sont pas des bruits. Un fil d'or relie les sons entre eux... Une conscience a organisé ces bruits. De la musique ! C'est ce fil d'or qu'il faut casser sec !

MORITZ. Qu'est-ce qu'elle dit ?

JULIETTE. Elle entend de la musique. Elle n'a jamais écouté de musique.

SHEÏLA. Musique ! Nommons-la : vicieuse. Elle lèche les murs, familière comme les flammes. Elle pénètre les oreilles, promettant la lumière. Mais c'est brûler qui l'intéresse.

JULIETTE. Elle n'a jamais été aussi imprécise dans ses propos.

MORITZ. Vous croyez que c'est une stratégie ?

SHEÏLA. Les visages crevassés, les regards débiles, ce sont toujours les traces de la musique. Je ne serai pas déchiquetée !

Sheïla retire brusquement sa main. La musique cesse aussitôt.

JULIETTE. Elle ne négocie pas. Elle délire.

MORITZ. Morveux. Je vais lui barrer la bouche à jamais.

Moritz sort pour attraper Nils.

NILS, *à Sheïla.* Quand nous reverrons-nous ?

Nils se sauve. Juliette secourt Sheïla.

JULIETTE. Sheïla... Ça va ?

SHEÏLA. Mon oreille est tout empâtée. Quelle expérience désagréable. Tu crois qu'il y a des fissures ?

JULIETTE, *examinant l'oreille de Sheïla.* Les conduits sont intacts.

SHEÏLA. Des notes de musique échappées du caveau. Ma mémoire me déjoue. Comment ai-je pu être secouée d'une pareille faiblesse ?

Moritz revient, bredouille.

MORITZ. Les négociations sont rompues.

SHEÏLA. Je suis sans arme devant un tel ennemi.

MORITZ. Rétablissez Octavie, Sheïla.

SHEÏLA. Jamais !

MORITZ. C'est trop instable, le génie. Les puces s'empilent. Si la Chine avait vent de la situation...

SHEÏLA. Je ne reculerai pas.

Silence.

JULIETTE. Il y a peut-être une solution.

SHEÏLA. Laquelle ?

JULIETTE. Je ne sais pas comment vous dire. C'est plutôt délicat. Nils vous aime, Sheïla.

SHEÏLA. Quoi ?

MORITZ. À votre vue, il se cambre. À votre contact, il se tortille.

SHEÏLA. Vous connaissez l'amour, Moritz ?

MORITZ. Euh, non.

JULIETTE. Votre paume l'a subitement apaisé. Grâce à l'amour, il vous dévoilerait tout son savoir. Vous seriez assurée de sa plus franche loyauté.

SHEÏLA. J'aimerais te croire, Juliette. Mais je ne connais pas les stratégies de l'amour. Seuls quelques fous, paraît-il, s'en transmettent encore le secret.

JULIETTE. Sheïla... Vous savez que j'ai tout donné à Odibé. Toutes les images, tous les rêves que j'avais en tête, je les ai déposés un à un dans le caveau.

MORITZ. Une conduite exemplaire.

JULIETTE. Il n'y a qu'un détail que j'ai conservé pour moi. Parce qu'aujourd'hui la survie d'Odibé en dépend, je voudrais vous livrer ici ma dernière part d'âme. *(Pause.)* Sheïla, je connais l'amour.

SHEÏLA. Toi, Juliette ?

MORITZ. Je le savais, qu'elle nous cachait quelque chose. Je le savais ! Qu'est-ce que je vous disais, madame Sheïla... Un flair infaillible.

SHEÏLA. Tu disais être intacte...

JULIETTE. Je mentais. Quand j'avais neuf ans, j'ai aimé follement mon voisin. Un grassouillet garçon du nom de Méo.

SHEÏLA. On se connaît depuis toujours. Tu n'as jamais évoqué cette histoire.

JULIETTE. J'ai tout fait pour l'oublier. Car la fin en est tragique. J'avais neuf ans, il en avait sept. Je l'aimais avec une fougueuse impatience.

SHEÏLA. Je n'arrive pas à le croire.

JULIETTE. Et son amour pour moi était plus fort que tout, plus fort même que son métabolisme. Pour preuve, ce funeste matin où je me hasardai à embrasser son sexe. D'abord furtivement, comme si je brodais au petit point, puis avec férocité, comme si je débouchais l'évier. Prise d'un vertige, je l'engloutis complètement. Je voulais lui offrir tous les plaisirs de la vie, tout de suite. Qu'à sept ans il connaisse toutes les sensations. Je pompais et sa vie, en *preview*, défilait. Blonde, épouse, maîtresse. Tu jouiras avant l'heure, tu jouiras avant l'aube. Méo se convulsait pour tenter de satisfaire mon ardente volonté. Ses yeux se révulsèrent, ses verres correcteurs éclatèrent, mais toujours, je pompais. Par amour, il n'a jamais appelé au secours.

SHEÏLA, *discrète*. Entendais-tu de la musique en pompant ?

JULIETTE. Non... non. Au plus fort de la pompe, son corps se mit à trembler. J'ai finalement réussi à lui extraire une goutte de vie. Il est mort dans la seconde. J'avais devancé sa puberté de deux, peut-être de trois années.

MORITZ. Une mort admirable.

JULIETTE. J'ai entièrement consacré ma vie à la médecine pour soulager ma peine. J'étends sur mes patients tout l'onguent dont je n'ai pas oint son irritation.

MORITZ. Oint ?

SHEÏLA, *bas*. Le verbe oindre. Elle est troublée.

JULIETTE. En quelques minutes, nous avons consumé les cinquante ans de passion que la vie nous réservait. Depuis ce funeste matin, mon cœur ne bat que de souvenirs. À vous, mon amie de collège, que j'ai toujours fidèlement servie, je vous confierai les secrets de l'amour. Car même si, en brusquant la nature, j'ai perdu Méo, je crois encore de tout cœur au progrès.

MORITZ. Un mélange de souvenir et d'amour. C'était donc ça, votre lumière mystérieuse. Ce que c'est sexy, le souvenir. Dorénavant, je serai aux veuves. Exclusivement aux veuves. Rien de plus affriolant qu'une veuve friable.

JULIETTE. Sheïla, vous ne dites rien ?

SHEÏLA. Cacher un meurtre à sa meilleure amie... La prochaine fois, je saurai tout ?

JULIETTE. Promis.

SHEÏLA. Pour soumettre le génie, chers conseillers, je me risquerai à aimer. Cette aventure me tente.

JULIETTE. J'estime qu'il faudra environ trois jours pour amadouer Nils. Nous serons dans les temps.

MORITZ. Deux jours, pas plus. Vos méthodes ne sont pas éprouvées.

SHEÏLA. Au fait, Moritz, vous êtes-vous débarrassé d'Octavie ?

MORITZ. Hélas, non. Elle attend, stationnée devant la porte d'entrée. Elle dit qu'elle ne peut plus marcher.

JULIETTE. Je vais l'examiner.

SHEÏLA. Moritz, liquidez cette affaire. Une infirme obstruant l'entrée, c'est contraire à la sécurité.

HUITIÈME TACHE

Sacha descend en trombe de l'étage, un livre à la main. Discret, Nils l'attend près du caveau.

NILS. Tu as les revues ?

SACHA. Non. J'ai cherché partout. Ils ont découvert les cachettes des anciens employés. Je me suis rabattu sur la bibliothèque de Juliette, vide aussi. Un seul traité a survécu à madame Sheïla. *L'Entretien de votre reptile.* Un collectif.

NILS. Tu ne vas pas me parler d'amour avec un livre de reptiles...

SACHA. Si la Sheïla l'a épargné, c'est que ça devait lui plaire.

NILS. Je ne serai jamais à la hauteur.

SACHA. Mon petit, tu seras un amant sublime. Encore plus inventif que je ne l'ai été. On va le défoncer, le caveau. Ça suffit, l'ignorance !

Sacha se précipite sur la porte du caveau et la secoue violemment.

NILS. Arrête. Tu vas alerter Moritz.

SACHA. Nils, tu mérites toutes les beautés du monde. Je veux t'offrir toutes les beautés du monde ! Maudite

porte d'enfer, ouvre-toi ! Rends-nous nos imperfections !
Rends-nous notre lumière !

NILS. Sacha, c'est fermé à clé.

SACHA. Viens m'aider, Nils. Tu apprendras l'amour de
la main des grands maîtres. Des reliefs, des courbes plein
la langue ! Enserre ma taille, qu'on libère les vivaces !
Un, deux, trois... *(Sacha se retourne. Nils n'a pas bronché.)*
Nils... Tu as peur ?

NILS. Si Moritz...

SACHA. On s'en fout, du comptable. Je te demande si
tu as encore peur des œuvres du caveau.

NILS. Non, non.

SACHA. Crois-moi, ça ne goûte pas la défaite. Ni même
la souffrance.

NILS. Je disais ça *avant* mon overdose.

SACHA. Il faut que tu regoûtes à l'art, Nils. Tu verras...
Quelle extase que de pouvoir visiter le cœur d'un
homme. Ses désirs foisonnent, libres de toute mécanique. Ça crie, brûle, explose, le monde renaît sous une
lumière nouvelle. Et derrière chaque coup de pinceau,
on sent grouiller d'autres vies... Toutes les vies. Tu ima-
gines l'orgie de saveurs ? Quand, pour la première fois,
j'ai réellement plongé au cœur d'un tableau, Nils,
malgré le vertige, pour la première fois, je me suis senti
pleinement le droit d'exister.

NILS. Sacha... Ta voix est aussi douce que quand tu parles
à Octavie.

SACHA. Je te parle d'amour, Nils. Je peux enfin te parler
d'amour. *(Silence.)* Tu veux être un amant foudroyant ?

NILS. Au bas mot, la faire craquer.

SACHA. Viens m'aider. Si tu y mets tout ton désir... Tout ton désir ! Un, deux, trois... Feu !

Ils tentent d'ouvrir le caveau. Sacha, épuisé, s'effondre. Silence.

NILS. Décris-moi l'amour, Sacha. Tout ce que tu en sais.

SACHA. Mes souvenirs ne suffisent pas ! Je ne suis pas un poète ! C'est du caveau vivant que tu devrais t'inspirer. *(Sacha ramasse le livre et le feuillette. Un temps.)* L'édition est luxueuse. Regarde cette enluminure. Les deux mâles se bataillent pour une femelle. Ils s'affrontent en dansant.

NILS. C'est sérieux, Sacha.

SACHA. Ces batailles ont une utilité capitale. C'est le plus efficace des deux rivaux qui gagnera la femelle. Ainsi, l'espèce ne risque pas de dégénérer.

NILS. Dis-le tout de suite, si tu ne veux plus m'aider.

SACHA. Regarde leur danse magnifique. On dirait un ballet. Leurs pas sont précis, leurs contorsions, savantes. Sans parler de la symétrie de leurs crachats. L'ennui, c'est qu'ils sont programmés. Peu importe l'individu, toujours ils recréent les mêmes gestes. Regarde leurs yeux. Ils sont éteints. C'est dans l'œil éteint qu'on voit qu'ils sont programmés.

NILS. Sacha... Tu doutes encore de moi ?

SACHA. Ce matin, avec ta mère, nous avons survolé l'Afrique. Arrivé au-dessus de Dakar, l'avion a baissé d'altitude et il a fait des ronds. Quand j'ai vu les lumières de la ville, je ne pensais qu'à toi, Nils. Bientôt, tu m'annonceras que tu as connu l'amour. Si j'ai prolongé ma vie d'un serment, fils d'Octavie, c'est pour qu'à cet instant précieux tes yeux flamboient. Invente, Nils. Déjoue la mécanique. Impose le choix des armes. Comme tu goûtes, invente. Peut-être... Peut-être qu'à force d'imprévus tu la séduiras.

Sacha s'endort. Nils, curieux, ne peut s'empêcher de feuilleter le livre.

NEUVIÈME TACHE

Moritz sort de son bureau. Il voudrait passer devant Octavie sans se faire voir.

OCTAVIE. Moritz !

MORITZ. Raté. *(Neutre.)* Ah, les femmes.

OCTAVIE. Pourquoi tu m'évites ?

MORITZ. Il y a un froid entre nous. J'ai hâte que tu t'en aperçoives.

OCTAVIE. Je veux te raconter l'effet du temps sur mes jambes.

MORITZ. Pas de cochonneries, chaussette.

OCTAVIE. C'est comme si je marchais pieds nus. L'asphalte gruge mes pieds. L'os du mollet s'égrène et trace une ligne blanche au milieu de la rue.

MORITZ. J'ai l'estomac fragile.

OCTAVIE. Les rêves toujours moins hauts. Les sommets de mes rêves s'éliment. Bientôt, je ramperai.

MORITZ. Sais-tu où se cache le morveux ? Tu me serais des plus utiles.

OCTAVIE. Caresse-moi. Ton amour ravivera mes jambes.

MORITZ. Je ne t'aime pas. Ton mouvement m'excitait. Molle, tu me dégoûtes. Faut pas rester pour moi.

OCTAVIE. Quand tu m'as invitée à la cérémonie, tu me désirais.

MORITZ. Tu étais encore rose. Encore vive.

OCTAVIE. Moritz ! Garde-moi ! Je n'ai plus que ce fil !

MORITZ. Ton corps est en décomposition. La pourriture œuvre pour moi. Crie, si tu te décides à signer. Sinon, je reviendrai, prévenu par l'odeur de ton cadavre.

Moritz retourne à son bureau.

OCTAVIE, *se palpant.* Je suis encore vivante. Combien de coups de poignard l'humain peut-il endurer avant de succomber à l'envie de crever ?

SACHA, *rêvant.* Octavie, des mains jaillissent de la muraille ! Elles tendent vers nous leurs doigts qui...

OCTAVIE. Ta gueule, Sacha ! Ta gueule ! Ta gueule ! Ta gueule !

DIXIÈME TACHE

Bureau de Sheïla. Juliette ajoute les dernières retouches au déshabillé de Sheïla. Dentelle et mousseline.

SHEÏLA. Tu crois qu'il se cache ? Pourquoi il ne crie plus mon nom ?

JULIETTE. C'est une tactique. Un jeu de ruelles et de buissons. Calcul d'initié. Il a dû consulter.

SHEÏLA. Je ne peux pas sortir de mon bureau comme ça. J'ai l'impression de tromper papa.

JULIETTE. C'est maintenant à vous de l'appâter. Vous êtes magnifique.

Elles sortent du bureau de Juliette et se promènent dans la tour, dans le but de faire sortir Nils de sa cachette.

SHEÏLA. Petit, petit, petit, petit...

JULIETTE. Cambrez le dos, il est sensible aux seins.

SHEÏLA. Tous les employés me regardent, Juliette. Tous ces yeux sur ma personne. C'est insupportable.

JULIETTE. Savourez ce bonheur. Saluer de son corps embrasé une foule captivée.

SHEÏLA. Ils me détaillent. Ils me scrutent. Pshhht... Pshhht... Allez travailler !

JULIETTE. Ils sont en pause, Sheïla.

SHEÏLA. Ils ont l'air de s'ennuyer. Mortellement. Ils ne font rien quand ils ne travaillent pas ?

JULIETTE. Ils se plaignent souvent. Sans colère, bien sûr. Les plus idéalistes fument des cigarettes.

SHEÏLA. Juliette, il faut les occuper. Fais-moi penser de raccourcir les pauses.

JULIETTE. Roulez des hanches, souriez.

SHEÏLA. Je ne peux pas. Tous ces regards d'ennui posés sur moi...

JULIETTE. Pensez qu'il est là, lui aussi, crevant de désir. Camouflé dans une forêt d'yeux, il vous dévore et vous espère.

SHEÏLA. Petit, petit, petit...

JULIETTE. Prêtez l'oreille au moindre bruit. Un craquement. Une respiration. Toujours l'arythmie trahit.

SHEÏLA. Je n'entends rien.

JULIETTE. Je suis sûre qu'il n'est pas loin. Je suis sûre qu'il vous regarde.

SHEÏLA. Quel côté je devrais lui présenter ?

JULIETTE. Tournez un peu, froufroutez...

SHEÏLA. Ils écarquillent tous les yeux. Ils bloquent leurs paupières pour ne pas perdre une seconde du spectacle. Le premier qui pleure, je le tue.

JULIETTE. Vous faites un appât superbe.

SACHA, *rêvant.* Octavie... Près du rivage, des lits flottent sur les vagues... Les draps ne sont pas creux ! Il y a des dormeurs !

SHEÏLA. Juliette, ramène-moi à mon bureau. Je ne veux pas l'entendre.

SACHA. Allumons un feu, Octavie. Ils se réveilleront, frappés par ce faux soleil...

SHEÏLA. Ramène-moi tout de suite ! *(Elles gagnent le bureau de Sheïla. Il est sens dessus dessous.)* Juliette... Mes dossiers. Mon clavier... Tout a été saccagé.

JULIETTE. Pas saccagé, Sheïla. Goûté.

SHEÏLA. Non...

JULIETTE. Regardez. Partout, un rond de salive. Une signature précise.

SHEÏLA. C'est impossible. Nous avons été absentes cinq minutes. Nous l'aurions vu.

JULIETTE. Il glisse, se faufile dans la brousse, à la vitesse de l'éclair.

SHEÏLA. Mon mobilier est détrempé.

JULIETTE. Il est accroché. Attendez-le, Sheïla. Bientôt, il sera là.

SHEÏLA. Ferme tout, Juliette. Et reste près de moi.

ONZIÈME TACHE

Moritz se présente au bureau de Sheïla. Sheïla est étendue sur son bureau. Juliette la parfume.

MORITZ. Alors, où en est la chasse ? *(Il voit Sheïla.)* Oh, pardon.

SHEÏLA. Entrez, Moritz.

MORITZ. Je n'y tiens pas.

SHEÏLA. Pourquoi ? C'est une idée de Juliette. Elle me parfume.

MORITZ. Je préfère garder de vous une image plus verticale.

SHEÏLA. Vous avez raison. C'est ridicule. On avait d'ailleurs terminé.

JULIETTE. Dans ce cas, débrouillez-vous toute seule. Vous affronterez Nils sans défense.

SHEÏLA. Non, Juliette, pitié. Je suis déjà assez terrifiée.

JULIETTE. Alors, collaborez.

Un temps.

SHEÏLA. Moritz... Il fait beau, n'est-ce pas ?

MORITZ. Est-ce que je sais, moi...

JULIETTE. Moritz. Elle vous parle météo. Elle vous montre qu'elle vous apprécie. Répondez-lui.

MORITZ. C'est vous qui lui avez montré ces singeries ?

SHEÏLA. L'été dernier, il ne faisait pas aussi chaud...

JULIETTE. Superbe, Sheïla, vous n'avez jamais été aussi juste. *(À Moritz :)* Mais répondez-lui !

MORITZ. En Celsius ?

JULIETTE. Merci, Moritz, merci.

MORITZ. Je ne veux pas vous mettre de pression, Juliette, mais le morveux ne s'est pas montré. Je l'ai cherché toute la journée.

JULIETTE. Il est tout près, Moritz. Peut-être même nous voit-il. Je prévois la collision pour ce soir.

SHEÏLA. Je sens sa présence. Un frisson vient régulièrement me secouer.

MORITZ. Juliette, vous avez jusqu'à demain midi pour me l'asseoir à son poste.

JULIETTE. Puisque je vous dis que nous serons prêtes. Allons, détendez-vous. Pendant que je coifferai Sheïla, vous lui masserez les pieds. Et elle vous épilera. Oui, oui ! Exécutons ce joli tableau. *(Moritz crache.)* Moritz !

MORITZ. Madame Sheïla, excusez-moi d'être brutal, mais avez-vous rappelé la Chine ?

SHEÏLA. Je ne pense qu'à Nils. Tout mon corps le guette.

MORITZ. Vous direz ça aux Chinois. Ils ont appelé trois fois. Ils veulent absolument vous parler.

SHEÏLA. Encore un frisson, Juliette. L'intervalle raccourcit.

MORITZ. Appelez-les tout de suite. C'est urgent.

SHEÏLA. Moritz, pour parler franc, ils me broutent l'humus, vos Chinois. Disposez.

DOUZIÈME TACHE

Sacha est au caveau. Octavie, de plus en plus ravagée, est écroulée devant la porte d'entrée.

SACHA, *rêvant.* Ouvre les yeux, Octavie. Plus haut que le ciel, les cimes de neige se choquent et se répondent.

OCTAVIE. Sacha, je t'en prie. N'utilise plus mon prénom.

SACHA. Pas âme qui vive. Que notre écho glacé, Octavie.

OCTAVIE. Je veux pourrir en paix.

SACHA. Octavie ! Regarde, en bas. Un point rouge couché sur la neige. Faites que ce soit un cœur qui bat.

OCTAVIE. Sacha... Je...

SACHA. Il bouge. Il se lève. Qu'est-ce que c'est ? Sa démarche est hésitante. Laisse-moi escalader ce pic. Je le verrai s'approcher.

OCTAVIE. Sacha... j'entends tous les mots que tu prononces. Pas seulement mon prénom.

SACHA. Viens me rejoindre, Octavie.

OCTAVIE. Sacha, c'est bien à moi que tu parles ?

SACHA. Ici, il faut se pencher pour embrasser le ciel.

OCTAVIE. Comment grimper si haut ? Je ne peux pas marcher.

SACHA. Prends ma main, que je te hisse.

OCTAVIE. Je n'ai jamais vu le sommet d'une montagne. Mais je sais que le soleil flambe la neige, flambe nos visages. Parle-moi.

SACHA. Octavie, j'entends la neige qui crisse. Le point rouge approche !

OCTAVIE. Sacha, où es-tu ? C'est tout blanc.

SACHA. Octavie ! Regarde ! Il se dirige vers nous. C'est un homme. Non, une femme. Nous ne sommes plus seuls, Octavie !

OCTAVIE. Fais-moi un signe.

SACHA. Courons à sa rencontre ! Hissons les bras !

OCTAVIE. Sacha, me voilà. Dans ce désert de glace, j'existe pour la première fois.

SACHA. Elle nous parle, Octavie. Que dit-elle ?

OCTAVIE. C'est moi, ton Octavie.

SACHA. Je n'ai qu'une Octavie. *(Pause. Il se déplace pour voir Octavie.)* Vous m'écoutiez, madame ?

OCTAVIE. Euh... Pas depuis longtemps. Mais c'était très beau.

SACHA. Il y a quinze ans que je parle d'amour.

OCTAVIE. Tu me dérangeais. Tu me ralentissais. Je ne pouvais pas savoir que tu me parlais.

SACHA. Personne n'a dit que je vous parlais.

OCTAVIE. À chacun de tes mots, mes jambes se réchauffent.

SACHA. Vous me touchez, madame.

OCTAVIE. Sacha, emmène-moi. Toute seule, je ne peux pas sortir d'ici. Aime-moi.

SACHA. Mon cœur a trop battu. Quelques veines ennemies l'obligent à se commettre encore. Je n'ai plus qu'un souhait. Assécher ces veines.

OCTAVIE. Je soignerai ta peine d'amour.

SACHA. Je ne souffrirai aucun baume sur mon cri. Mais je peux parler. Je vais parler. Jusqu'à ce que vos jambes se réveillent et vous emportent.

OCTAVIE. Ça ne sera pas assez.

SACHA. Vous avez sûrement en tête d'autres morceaux de mes voyages. Des paroles qui auraient échappé à votre vigilance.

OCTAVIE. Un festin ! L'océan !

SACHA. Aaah... Je n'étais donc pas inoffensif. Madame, pillez mes paroles, drapez-vous dans mes histoires. Octavie vous prête ses robes. Ça n'a pas de sens, à votre âge, d'être toute nue dans la vie.

OCTAVIE. Je peux me choisir des souvenirs ? Un passé ?

SACHA. Prenez tout ce que vous voulez.

OCTAVIE. Des désirs ?

SACHA. À volonté. *(Pause.)* Madame... Comment dire. Si vous en éprouvez le désir, je voudrais vous léguer ma mémoire. Toute ma mémoire. Mes souvenirs de chair et ceux qui brillent dans le caveau.

OCTAVIE. À moi ?

SACHA. Je sais parfaitement ce que je fais.

OCTAVIE. Mais Nils ? Nils, Sacha ?

SACHA. Emplissez votre cœur. *(Long silence. Octavie se redresse lentement sur ses jambes.)* Vous êtes magnifique. Des jambes infinies.

OCTAVIE. Si tu savais comme j'ai peur.

SACHA. Mangez gras, faites des études inutiles et adressez la parole aux étrangers. Ça devrait bien se passer.

OCTAVIE. Parle, Sacha. Parle encore. Sans ta voix, mes jambes reculent.

SACHA. J'aimerais voir votre visage quand vous franchirez la porte, quand vous toucherez la vie. À chaque seconde, vous vous transformerez.

Un temps.

OCTAVIE. C'est l'heure.

SACHA, *rêvant.* Octavie, nous descendrons la montagne en traîneau, avec la passagère. Elle veillera sur nos bagages. Jusqu'à ce que Nils ou mille voix les réclament en partage. *(À Octavie :)* Accrochez-vous, madame. La pente est prononcée.

Octavie laisse là la convention et sort dans la lumière.

TREIZIÈME TACHE

Le soir. La tour est déserte. Sheïla entre dans son bureau. L'éclairage qui s'allume brusquement révèle Nils, debout sur le bureau de Sheïla.

SHEÏLA. Vous êtes... nu. Comme la main. Comme la lune. Comme le Christ...

NILS. Le Christ portait un turban. Je suis nu comme un serpent.

SHEÏLA. Vous... voulez être touché.

NILS. Vous brûlez.

Sheïla se met à entendre à nouveau de la musique, emportée.

SHEÏLA. Ah ! Non ! Pas de musique.

NILS. Il n'y a pas de musique.

SHEÏLA. Je sais que c'est de votre âge, Nils, mais éteignez votre musique.

NILS. La tour est silencieuse.

SHEÏLA. Vous êtes sûr ?

NILS. Absolument.

SHEÏLA. Ce doit être l'émotion. C'est... nu, un homme.

NILS. Nous allions nous toucher.

Des tableaux apparaissent sur le corps de Nils.

SHEÏLA. Nils... Sur votre peau ! Des taches oubliées !

NILS. Où ça ?

SHEÏLA. Des pleurs, des plaintes, de la bave, de la boue.

NILS. Je suis propre.

SHEÏLA. Je les reconnais... Les œuvres du caveau ! Le caveau s'est fissuré. Ne bougez pas. Je vais colmater la brèche.

NILS. Sheïla !

SHEÏLA. Je colmate la brèche et je suis avec vous.

NILS. Vous ne pouvez pas abandonner maintenant.

SHEÏLA. Vous avez raison. Les scènes d'amour sont inévitables. Jouons-la bien. Qui commence ?

NILS. Je vous aime, Sheïla.

Sheïla tente d'avancer vers Nils, mais les visions la repoussent.

SHEÏLA. Nils... La détresse des lâches se dresse en un mur de cendres...

NILS. Avancez vers moi.

SHEÏLA. Comme une armée stérile, la plainte des échoués m'interdit votre peau.

NILS. L'amour sort en faisceaux de mon ventre et vous éclaire. Laissez-vous glisser.

SHEÏLA. Une brèche dans mon cœur et des sangsues l'assiègent. Puis-je vous aimer sans subir les cris des malheureux, des manqués, des mort-nés ?

NILS. Un geste de vous, et mes quinze ans ne m'appartiennent plus.

SHEÏLA. Nils... Serons-nous toujours mille ?

NILS. Quelle langue parlez-vous ? Douce, rêche. Je peux mordre, Sheïla...

SHEÏLA. Je veux vous aimer. *(Les projections s'intensifient. La musique augmente.)* Haaa ! C'est le caveau. Il a dû exploser ! Le caveau a explosé ! Appelez la sécurité !

NILS. L'amour vous submerge ! Se déchaîne !

SHEÏLA. Toutes ces âmes malades veulent être bercées. Nils, je ne peux aimer que vous !

NILS. Attrapez ma main !

Ils sont enlacés.

SHEÏLA. Ça ne se calme pas !

NILS. Embrassez-moi. Que mon cœur capture enfin l'éternité.

Ils s'embrassent. La musique et les projections atteignent des dimensions insupportables.

SHEÏLA. Je ne pourrai jamais. Comment chasser les nuisibles, les plaintifs ? Comment nettoyer votre peau ?

NILS. Je veux votre bouche, encore.

Ils s'embrassent à nouveau. Cette fois, Sheïla ferme les yeux. La tempête cesse brusquement.

SHEÏLA. Nils... Je comprends. Je comprends pourquoi les gens ferment les yeux en s'embrassant.

QUATORZIÈME TACHE

Très tôt le lendemain matin. Nils et Sheïla dorment enlacés dans le bureau de la présidente. Juliette les observe. Moritz, convention en main, se présente à la porte du bureau de Sheïla.

MORITZ. Madame Sheïla ! Je donne du deux cents pour cent.

JULIETTE. On ne passe pas.

MORITZ. Transbahutez votre cul au loin. Octavie est partie sans rien signer. Je peux la congédier, pas de rente à verser. Aucune indemnité.

JULIETTE. Comment l'avez-vous convaincue ?

MORITZ. J'ai cassé ses espoirs d'avoir accès à mon corps. Crac ! J'ai cassé tous ses os. Pousse, pousse, que résonne la bonne nouvelle.

JULIETTE. Vous ne dérangerez pas Sheïla pour ça.

MORITZ. C'est vous qui vous mettez dans mon chemin ? Depuis deux jours, vous multipliez les facéties.

JULIETTE. Ma victoire est sous votre nez. Nils et Sheïla sont imbriqués.

MORITZ. Il y est ? Depuis quand ?

JULIETTE. Hier soir, je crois.

MORITZ, *paniqué*. Mais il va s'éroder ! Il faut l'extraire de là. Je vais chercher des pinces, vous, trouvez un siphon !

JULIETTE. Mais non, Moritz... Ils ont terminé. L'aube les a libérés.

MORITZ. Je respire mieux.

JULIETTE. Venez voir, ils dorment encore.

MORITZ. Il ronfle, le cochon.

JULIETTE. Chut... Il ne faut pas les réveiller. C'est la période d'incubation.

MORITZ. Ma présidente alitée avec un petit porc. Alors qu'elle devrait courtiser la Chine. Odibé *était* une société prestigieuse.

JULIETTE. Quand il ouvrira les yeux, il sera perdu. Tous les chocs de la nuit seront autant de liens. Elle n'aura qu'à lui demander doucement d'aller travailler et il s'exécutera.

MORITZ. Ça, c'est loin d'être certain. C'est maintenant qu'il faut le capturer.

Il veut s'avancer.

JULIETTE. Moritz, non !

Sheïla se réveille. Juliette et Moritz se cachent. Sheïla regarde Nils, qui dort toujours. Elle vérifie s'il n'y a personne. Puis, hésitante, comme si elle avait peur de se brûler, elle pose la main sur le corps de Nils et la retire aussitôt. Plusieurs fois, à plusieurs endroits.

MORITZ. Qu'est-ce qu'elle fait ?

JULIETTE. Je ne sais pas.

MORITZ. C'est vous le prof.

JULIETTE. Chacune a droit à son style.

Rassurée, Sheïla finit par caresser le dos de Nils. Soudain, un tableau apparaît sur sa peau. Effrayée, elle recule, puis court s'asseoir à son bureau.

MORITZ. Ah ! Elle prend du mieux.

Des images apparaissent sur son bureau. Affolée, elle s'enfuit.

SHEÏLA. Juliette ! Juliette !

MORITZ. À midi pile, je putsche.

QUINZIÈME TACHE

Quelques secondes plus tard. Bureau de Juliette.

SHEÏLA. Juliette, examine-moi. Je suis malade. Il pousse des corps nus sur toutes mes factures.

JULIETTE. Détendez-vous.

SHEÏLA. Ceci dit, j'ai passé une nuit magnifique. La salive, les secousses, c'est une danse vigoureuse. Il n'y a que ces apparitions...

JULIETTE. Je ne vois rien. Attendez. *(Juliette sort une cigarette, qu'elle cachait dans son corsage, la pose entre les lèvres de Sheïla et la lui allume.)* Ça va mieux ?

SHEÏLA. Oui. Oh, oui. Mmmm... Mieux.

JULIETTE. Ce devait être une émotion.

SHEÏLA. Une autre ?

JULIETTE, *cachant mal sa joie.* Vous ne l'aviez jamais ressentie ?

SHEÏLA. Je m'en souviendrais. *(Un temps.)* Juliette... Ma Juliette... Tu avais prévu que je succomberais ?

JULIETTE. Secrètement, je l'espérais. *(Pause.)* Oh ! Sheïla ! C'est comment ?

SHEÏLA. Quel cadeau tu m'as fait. Laisse-moi te prendre la main. Il me semble te voir pour la première fois.

JULIETTE. Sheïla, vous êtes sérieuse ? Vous ne vous moquez pas ?

SHEÏLA. Je suis amoureuse, Juliette. Je le sais.

JULIETTE. Parlez-moi de Nils. Je vous parlerai de Méo. Oh oui ! Nous parlerons des gens, de leur vie !

SHEÏLA. Si tu savais, Juliette... Nils et moi... C'est... Ça frôle la magie.

JULIETTE. Des détails !

SHEÏLA. Tu ne me croiras jamais, mais... C'était tout petit, comment dire, entreprise familiale, moins de cinq employés, et en une seconde, kaboum, la multinationale... C'est normal ?

JULIETTE. Pitié ! Je suis veuve !

SHEÏLA. Tu sais ce qu'il a fait quand je me suis... *(Elle rit.)* Non, j'ai promis de le garder pour moi.

JULIETTE. Racontez !

SHEÏLA. Mais je parle tout le temps. Excuse-moi. Toi, comment ça va ?

JULIETTE. Je suis si heureuse. *(Pause.)* Sheïla, pour ce qui est de Nils, puisque vous l'aimez, je ne peux plus vous aider.

SHEÏLA. Je comprends.

JULIETTE. Pour les apparitions non plus. Tout sera imprévisible.

SHEÏLA. Ces corps souffrants me sont si étrangers. Chacun semble camoufler une histoire. C'est prodigieux. C'est terrifiant.

JULIETTE. Il ne faut pas reculer.

SHEÏLA. Juliette, si je soulevais tous ces corps en lambeaux, si je les portais sur mon dos, tu crois qu'Odibé pourrait avancer à la même vitesse ?

Un temps.

JULIETTE. Avant je vous servais, maintenant je vous envie.

SEIZIÈME TACHE

Nils et Sheïla rejoignent Sacha au caveau.

NILS. Sacha, réveille-toi.

SACHA. Dakar est fermé. Ouste, ouste, nous dormons.

NILS. C'est important.

SACHA. On dirait la voix de Nils. Le sommeil est si profond. Remonter à la surface est long. Et bulleux.

NILS. Sheïla est avec moi, Sacha. Elle a quelque chose à te dire.

SACHA. C'est maintenant, Nils ? C'est donc l'heure du moment fatal, mille fois imaginé ? Que promettent tes yeux ? Cette nuit, comme un enfant, j'y ai encore rêvé.

Sacha ouvre les yeux. Il regarde Nils, puis Sheïla. Silence.

SHEÏLA. Monsieur... j'aime Nils. C'est un être exceptionnel.

SACHA. Je sais.

SHEÏLA. Merci. *(Long silence.)* Monsieur, est-ce que je peux faire quelque chose pour que vous souffriez moins ?

SACHA. J'ai l'air de souffrir ?

SHEÏLA. J'ai parfois entendu l'écho de vos plaintes. Votre vie semble un calvaire.

SACHA. Je parle un peu dans mon sommeil, mais...

SHEÏLA. Que cela concerne votre sort ou celui de la compagnie, je vous écoute.

SACHA. Merci, ça va. Ce qui m'est cher ne se quémande pas.

SHEÏLA. Excusez-moi. *(Elle part, puis revient subitement sur ses pas. À Sacha :)* Il fait beau, n'est-ce pas, monsieur ? Une journée magnifique.

Un temps.

SACHA. Oui, il fait beau. *(Sheïla s'en retourne.)* Elle est glaciale.

NILS. Et poivrée. *(Un long temps.)* Sacha, est-ce que je ressemble à ma mère ?

SACHA. Va rejoindre Sheïla, Nils. Les premières heures sont si précieuses.

NILS. Réponds-moi. Est-ce que j'ai les yeux d'Octavie ?

Un temps.

SACHA. Non.

NILS. Comment ça, non ? Elle m'aime, je l'aime. Tu es qui pour juger de notre amour ?

SACHA. J'ai seulement dit que ton œil est éteint et que le caveau est toujours verrouillé.

NILS. Sheïla a peur, c'est tout ! Cette nuit, elle voyait des cadavres sur ma peau. J'avais oublié qu'elles étaient aussi terrifiantes, les œuvres du caveau.

SACHA. Nils, tu délires ?

NILS. Des corps putréfiés, des ombres en lambeaux...

SACHA. Peu importe la dureté des images, ce qui compte, c'est la conscience qui brille derrière !

NILS. J'aime tant le goût de sa peau. Je passerais ma vie à la savourer.

SACHA. Je te flanquerais une claque.

NILS. C'est toi qui en mériterais une ! Je viens t'annoncer que je suis amoureux, et pas de félicitations, pas d'accolades, que des sermons !

SACHA. Ça m'enrage que cette maudite porte soit toujours fermée.

NILS. Ce n'est qu'une question de temps. Dès que Sheïla n'aura plus peur des apparitions, elle libérera les œuvres. Une chose à la fois.

SACHA. Nils, l'humanité n'attend pas !

NILS. Sheïla m'attend.

Un temps.

SACHA. Moi aussi, je brûle d'être auprès de mon amour...

NILS. Sacha... Je sais que je ne peux pas t'empêcher d'aller rejoindre Octavie. Mais je ne veux pas que tu meures déçu. Reste. Jusqu'à ce que Sheïla libère les œuvres. Tu vas voir que c'est de l'amour qu'on a dans les yeux.

Un temps.

SACHA. D'accord, Nils.

NILS. Elle doit commencer à s'inquiéter...

SACHA. Cours vite. *(Nils part. Un temps.)* Octavie... Cherchons-nous un tombeau. Ma mort sera plus douce si elle peut réveiller un vivant. Que j'aime tant.

DIX-SEPTIÈME TACHE

Sheïla est dans son bureau, debout devant la fenêtre. Nils, à l'écart, la regarde. Juliette monte la garde devant le bureau de Sheïla.

SHEÏLA. D'ici, seulement, je peux confronter le vide. Comment vivre, Nils ? Avant, j'occupais chaque instant à épier les failles, les blessures. À la moindre faiblesse, j'attaquais. Chaque seconde était une guerre. Les corps que je vois aujourd'hui sont eux aussi criblés de lâcheté. Leur courage est crevé, leur volonté vacille. Mais ces failles qui me fouettaient le sang me font battre le cœur. C'est par ces bouches, Nils, qu'ils communiquent en secret. Intercepter leurs murmures. Tu crois que cela suffira à repousser le vide ?

NILS. Tu t'ennuies, Sheïla ?

SHEÏLA. Non. J'apprivoise la paix.

NILS. Viens dans mes bras.

Moritz se présente devant Juliette.

JULIETTE. Vous ne passerez pas.

MORITZ. Ce temps est révolu.

Il la pousse violemment et entre avec fracas dans le bureau.

JULIETTE. Non ! Moritz !

NILS. Dehors. Sheïla est occupée.

MORITZ. C'est ça, échauffe-moi, morveux. Ton compte de claques est bon. Madame Sheïla, je serai bref. Il est midi.

SHEÏLA. Déjà ?

MORITZ. Débarrassez-vous de votre serin. Les puces l'appellent.

SHEÏLA. Moritz, ça ne presse pas.

NILS. Je ne veux pas travailler.

MORITZ. Le carnaval est fini. Ton statut officiel est celui d'employé. Testeur, pour être clair.

NILS. Le cuivre va m'arracher la langue. Je commençais à peine à profiter de la vie.

Nils se blottit contre Sheïla. Moritz l'en repousse.

MORITZ. Dévisse, morveux.

NILS. Ne m'abandonne pas.

MORITZ. Madame Sheïla, donnez-lui l'ordre d'aller travailler.

NILS. À la première impureté, je vomirai !

SHEÏLA. Nils, je suis là.

MORITZ. Donnez-lui un ordre !

SHEÏLA. Je t'aime, Nils.

MORITZ. Un ordre !

SHEÏLA. Je ne peux pas, Moritz ! Je ne peux pas !

MORITZ. J'en fais mon affaire.

NILS. Moritz, va-t'en. Je suis l'homme de Sheïla.

MORITZ, *présentant ses poings.* Tu choisis le gauche ou le droit ?

SHEÏLA. Non, Moritz !

Nils se sauve.

MORITZ. La mauviette.

SHEÏLA. Rattrape-le, Juliette. Je t'en prie. *(Juliette part à la recherche de Nils.)* Le brusquer était imbécile. Nils est fragile.

MORITZ. Je ne vous reconnais plus. Votre état est pitoyable.

SHEÏLA. J'apprivoise des milliers de blessures. J'ai accès à des mondes que vous ignorez.

MORITZ. Confidence pour confidence : j'ai sérieusement pensé vous putscher. Étant moyen, j'ai reculé. Le cauchemar est fini. À mes côtés, vous vous ressaisirez.

SHEÏLA. Je travaille, Moritz. J'épaule l'humanité.

MORITZ. La Chine multiplie les avis d'urgence.

SHEÏLA. Qu'ils persévèrent ! *(Juliette revient.)* Tu l'as trouvé ?

JULIETTE. Non, disparu. Bravo, Moritz. Bravo.

SHEÏLA. Comme il doit être effrayé... Moi seule pourrais le calmer.

MORITZ. Madame Sheïla, je vais organiser pour vous l'enterrement de la convention. Ça vous raplombera.

SHEÏLA. C'est peut-être superflu. Réconforter Nils m'apparaît...

MORITZ. Votre papa vous manque. C'est votre teint qui me l'a dit. Préparez-nous le coup du tailleur.

SHEÏLA. Je n'en ai pas envie.

MORITZ. Mais si.

Il lui enfile son veston.

JULIETTE. Sheïla, vous n'êtes pas obligée.

MORITZ. Ah ! Comme on fait peau neuve. *(Moritz entraîne Sheïla en direction du caveau. À Sacha :)* Réveille-toi. On enterre la convention.

SACHA. Je ne dors pas. Nils, où es-tu ? Je veux te bercer, mon petit... Nils ! Je veux te bercer, de ma voix... Une dernière fois.

Nils sort en trombe de sa cachette.

NILS. Sacha ! Vieux fou ! Non !

SACHA, *lumineux.* Accroche-toi à l'amour, Nils. Accroche-toi à l'amour... Celui qui brille dans le caveau. Si tu souffres, si tu as peur, mon petit, ne ferme pas les yeux. Dans la nuit la plus cruelle, toujours cet amour t'indiquera le plus court chemin pour retrouver l'homme. C'est une corde de lumière qui nous relie tous. Les nouveau-nés, comme les pendus, ne sont jamais seuls au bout de cette corde. C'est l'Homme qui voit l'Homme, dans le déchirement et dans la beauté, c'est l'Homme qui voit l'Homme et qui a soif de lui... *(Pause.)* Nils, ta mère et moi, nous serons toujours là.

NILS. Sacha...

Sacha embrasse Nils sur la bouche.

SACHA. Maintenant, mon cœur, arrête-toi. *(Pause.)* Octavie...

Sacha tend les bras, comme si son Octavie apparaissait devant lui, puis il meurt, enlacé par Nils. Long silence.

MORITZ. C'est donc ça, un cadavre.

JULIETTE. Vous croyez qu'il pensait tout ce qu'il disait ?

NILS. Sheïla, je veux être seul avec toi.

SHEÏLA. Juliette, éloigne Moritz ! *(Moritz et Juliette regagnent leurs bureaux. Long silence. Sheïla tapote le cadavre de Sacha. À Sacha :)* Ça va aller. Ça va aller.

NILS. Déjà, il refroidit.

SHEÏLA, *même jeu.* Mes sympathies.

NILS. Sheïla, je veux enterrer Sacha dans le caveau. Je veux déposer à ses pieds toutes les merveilles du monde.

SHEÏLA. Il va pourrir.

NILS. Son corps se fondra aux tableaux. Comme un vernis de sang.

SHEÏLA. Je ne peux rien te refuser. Tu sais, papa vouait une affection sans borne à Sacha. *(Sheïla ouvre le caveau. Une lumière splendide s'en échappe.)* Quelle chaleur...

NILS. De l'or liquide. Sacha m'avait décrit cette lumière.

Sheïla laisse tomber la convention dans le caveau.

SHEÏLA. Ça n'a pas fait de bruit. L'histoire est silencieuse.

NILS. Aide-moi, Sheïla. Prends-lui les pieds.

SHEÏLA. Je préférerais ne pas m'engouffrer.

NILS. Il faut répartir le poids.

Elle descend dans le caveau.

SHEÏLA. Doucement, ça descend.

NILS. Adieu, Sacha. Je t'abandonne à la splendeur.

Nils referme la porte du caveau sur Sheïla et sur le corps de Sacha.

SHEÏLA. Nils, à quoi tu joues ? La chaleur m'aveugle.

NILS. Je veux que tu rassures les morts. Dis à Sacha que c'est de l'amour qu'on a dans les yeux.

SHEÏLA. Mais oui, Nils. Que veux-tu que ce soit ?

NILS. Fais résonner la grandeur de ton amour.

SHEÏLA. En termes précis, je ne possède pas tous les mots.

NILS. Inspire-toi des tableaux.

SHEÏLA. J'ai les yeux fermés. J'étouffe, Nils. Laisse-moi sortir. J'étouffe !

NILS. Sheïla, je suis fait du même sang que les œuvres. À chaque seconde, je pourrais exploser. Je brûle et je pleure.

SHEÏLA. Nils, ton corps n'est plus un cauchemar pour moi. Ouvre-moi. C'est qu'il y a trop de lumière.

NILS. Jamais la tempête des œuvres ne s'effacera de ma peau. Chaque nuit, elle hurlera plus fort. Sheïla, sauras-tu toujours m'aimer ?

SHEÏLA. Oui, Nils, oui... C'est d'accord. Je vais te parler d'amour... Je vais te parler d'amour, en fixant les couleurs.

NILS. Sacha, écoute une dernière fois les vivants.

SHEÏLA. Si je me brûle les yeux ?

NILS. Je passerai ma vie à les soigner.

À partir de cette réplique, ou même avant, il faut voir Sheïla.

SHEÏLA, *se démasquant les yeux.* J'ouvre. Ah ! Dans l'ombre d'un parapluie noir, un homme sans bouche pleure du sang. Je t'aime, Nils, je t'aime autant qu'il saigne...

NILS. Encore ! Je te sais sous terre, sous mes pieds, et pour toi, j'invente une nouvelle façon de marcher.

SHEÏLA. Coincée sous des cadavres, une fillette compte sur ses doigts. Je t'embrasserai toute ma vie pour qu'elle ne suffoque pas.

NILS. Je t'aime !

SHEÏLA. Des mains de marbre filent le ciel, des mains de feu, des mains superbes... *(Elle pousse un terrible hurlement.)* Aaah !

NILS. Sheïla ?

SHEÏLA. Ils glissent des tableaux, ils sont mille ! N'approchez pas !

NILS. Sheïla !

SHEÏLA. Reculez. Cachez vos mains calleuses. Fermez vos bouches coulantes. Reculez ! *(Elle entend de la musique.)* Musique, musique... Évidemment, la salope est au rendez-vous. Je suis sans plaie, tu ne me pénétreras pas. Reculez, corps infirmes. L'humain pue la faillite. Ne me touchez pas ! Je mangerais un rat et je serais moins morte. Qu'est-ce que... N'avancez plus ! Reculez ! Non ! *(Pause.)* Je suis dévorée. Mordue par mille bouches, tâtée par mille mains. Souillez-moi, ordures. La victime n'a jamais peur, quand le bourreau pue l'excrément. Vermine, tu grouilles, je te sens. Ha ! Mon bras ! Ils grugent mon bras ! Ils ont eu mon bras ! Sucez ma chair en lambeaux, je ne saignerai pas !

Juliette et Moritz, prévenus par les cris, se sont rencontrés sur le pas de leurs bureaux.

JULIETTE. Ça vient d'en bas. C'est Sheïla !

Ils descendent au caveau.

SHEÏLA. Musique ! Tu as flairé la brèche. La plus vicieuse, c'est toi. Comme tu voudrais me percer. Profiter de ma blessure pour t'engouffrer. Tu ne m'auras pas !

JULIETTE. Elle est dans le caveau.

MORITZ, *à Nils.* Je vais te fendre la face, fléau.

SHEÏLA. Mon sang, ne va pas te mêler à leurs corps souillés. Noyés dans la faiblesse, ils se caressent et sourient. N'y va pas ! Lutte, mon sang ! Dompte-toi ! Lutte ! Aaaah ! Mon sang bout ! Mon sang bout !

JULIETTE. Je suis là, Sheïla. Moritz, votre clé.

Juliette réussit à ouvrir le caveau. Sheïla en ressort, délabrée. Vêtements déchirés, gorge et cœur offerts. Un long temps.

NILS. Je t'en prie, laisse-moi goûter tes premières larmes.

Sheïla s'essuie les yeux d'une main tremblante. Un temps.

SHEÏLA. J'ai... j'ai rescapé papa. Veuillez le saluer.

MORITZ. Oh ! Le père fondateur !

SHEÏLA. Toi aussi, Juliette. *(Juliette ne bronche pas.)* Toi aussi, Juliet...

Sheïla laisse échapper le bocal. Moritz le rattrape in extremis *et le remet entre les mains de Sheïla.*

MORITZ. Vous devriez le mettre en sécurité.

SHEÏLA. Il faudrait tout brûler pour être en sécurité.

JULIETTE. Sheïla, non, vous êtes sous le choc.

NILS. S'il te plaît, parle-moi.

Un temps.

SHEÏLA. J'ai... souffert.

JULIETTE. Vous vivez, Sheïla. Vous aimez Nils, vous aimez l'homme. Vous vivez enfin.

SHEÏLA. J'ai... souffert. *(Un temps.)* Moritz, délivrez-moi de lui.

NILS. Je ne te quitterai plus, je te le jure. J'éprouverai chaque secousse avec toi.

MORITZ. Tu vas en bouffer, de la puce. Oh, que tu vas en bouffer.

SHEÏLA. Non. Congédiez-le. Il génère trop de...

NILS. Qu'est-ce que j'ai fait de mal ?

SHEÏLA. Trop de vie.

JULIETTE. Les premiers jours sont toujours bouleversants. Ça s'apaisera.

MORITZ. Madame Sheïla, vous déraillez. Nous avons renvoyé Octavie. On ne peut pas perdre Nils. La Chine va nous retirer de la compétition.

Un temps.

SHEÏLA. Nous avons le contrat.

MORITZ. Quoi ?

JULIETTE. Qu'est-ce que vous dites ? Quand l'avez-vous su ?

SHEÏLA. Juste avant que ne débutent les leçons de chinois. Ils ont dit oui aux chiffres d'Octavie.

JULIETTE. Nous aurions pu la garder ?

SHEÏLA. Quand j'ai vu le génie, je n'ai pas pu résister. Je devais me mesurer à lui. J'ai risqué le contrat.

JULIETTE. Quand vous m'avez terrorisée contre la fenêtre, mon amie, quand, dans l'espoir de jours meilleurs, j'ai sacrifié ma mémoire et mes nuits, nous n'étions pas fatalement menacés ?

SHEÏLA. Je ne connaissais alors que l'extase du danger.

JULIETTE. Maintenant que vous connaissez l'amour ? Maintenant que l'art et la chair pétrissent votre cœur ?

Un temps.

SHEÏLA. Odibé ne survivrait pas.

Sheïla se met en route pour gagner son bureau, portant le père fondateur. La démarche est hésitante.

JULIETTE. Il en restera des traces. Vous ne dirigerez plus comme avant. Toujours, vous entendrez les appels du caveau... Vous finirez par succomber à l'homme !

Sheïla se retourne. Un temps.

SHEÏLA. Je n'en ai pas la force.

Sheïla reprend sa marche.

MORITZ. Madame Sheïla, un petit détail. Il faudra deux analystes pour faire le travail d'Octavie. *(Silence. Se tapant le front.)* À contrat, bien sûr. La convention ne gêne plus. Excellent. Excellent.

NILS. Moritz, dis-lui que je m'offre à elle gratuitement.

MORITZ. Ce n'est pas le moment.

NILS. Dis-lui que je suis prêt à blanchir ma mémoire et à geler mon sang. Ma bouche ne servira qu'à goûter le métal. Je ne veux pas la perdre. Dis-lui que je vais lui faire conquérir le monde.

MORITZ. Je lui en parlerai.

La porte d'entrée s'ouvre. Octavie apparaît, souriante, dans la lumière. Son allure rappelle Sacha.

OCTAVIE. Nils... C'est moi. Tu ne me reconnais pas ? La mémoire a sculpté mon visage. Chaque ride est une phrase, je vis. J'ai poursuivi le voyage. Ta mère ne voulait pas rester immobile. Il y a tant de visages à parcourir... J'aurai besoin de toi, mon génie, pour rendre compte, aux morts et aux vivants, de cette fresque colossale. Toutes les saveurs que tu m'as décrites, même les mots inventés, sont inscrites sur ma peau. Il y en a une que tu ne m'as jamais confiée. Je voudrais, un jour, graver cette saveur dans le ventre du voyage. Nils, raconte-moi ce que ça goûte, l'humanité.

Un temps. Nils crache en direction d'Octavie. Le noir se fait sur Odibé. Seule Octavie veille encore.

TABLE

OUVRAGE RÉALISÉ PAR
LUC JACQUES, TYPOGRAPHE
ACHEVÉ D'IMPRIMER
EN FÉVRIER 2002
SUR LES PRESSES DE
MARC VEILLEUX IMPRIMEUR
BOUCHERVILLE
POUR LE COMPTE DE
LEMÉAC ÉDITEUR, MONTRÉAL

DÉPÔT LÉGAL
1re ÉDITION : 1er TRIMESTRE 2002
(ÉD. 01/IMP. 01)